DEEP
LEARNING

幼儿深度学习——面向未来的学前教育丛书

叶平枝　主编

幼儿深度学习的观察与评价

叶平枝　王欣欣　主编

钟　媚　吴灵灵　黄　菲　副主编

教育科学出版社

·北京·

丛书序一

当今世界正处于转折时期，社会对儿童和教育系统的要求正在发生改变。过去，教育的目标是教给儿童知识。而现在，教育的目标是确保儿童形成扎实的能力，使他们能够在日益变化的世界中找到自己的方向，应对以前所未有的速度快速变化的经济和社会，胜任还未出现的职业，使用还没有被发明的技术，解决我们还不知道将要发生的社会问题。因而，在全球教育都在走向新方向的今天，我们必须面对个人素质的重构。这种应对未来的重构意识，使得我们不得不关注儿童该如何学习的问题。

从学前教育改革和发展的进程来看，学界越来越重视儿童的学习，幼儿园教育由关注单一知识向关注生活与经验转变，由关注物质向关注互动转变，由关注学什么向关注怎么学转变。这些转变让人感到欣喜，因为这意味着我们关注到了儿童，关注到了儿童特殊的心理发展特点和需要，关注到了儿童学习发生和发展的过程，同时也使得我们更加基于儿童发展需求去考虑教师支持和鹰架的有意义策略。这也正是近年来深度学习越来越受到广大学者重视的重要原因之一。这种重视实则是出于对儿童这一精神个体学习过程的关注，是对其所获得的成长的关切。

叶平枝教授带领的研究团队，既有来自广州大学、河南大学、北京师范大学、华南师范大学和广东第二师范学院等院校的理论工作者，也有来自学前教育一线的知名教研员、园长和骨干教师。他们长期聚焦于幼儿的深度学习研究，在园所展开了大量有益实践，并获取了相当多鲜活的案例。团队编撰的有关幼儿深度学习的系列丛书，相信会助推和深化幼儿深度学习的研究，让一线教育工作者有所借鉴。

幼儿的深度学习是幼儿作为一个精神生命在自我探寻的过程中，由内而外地组建他所能够获得的外界给他准备好的信息，在自己的主动推动与教师或所处的环境和规则的引导下，获得有意义成长的一种学习策略。希望更多的幼儿园教师具有深度学习能力，更多的幼儿能够打好深度学习的基础，为未来做准备，获得受益终身的学习力。

侯莉敏

广西师范大学

2022 年 2 月 16 日

丛书序二

19 世纪中叶，斯宾塞发出"什么知识最有价值"的课程之问，指出教育的目的是为"完满的生活"做准备，"完满的生活"就是"幸福的生活"，而幸福生活的获得有赖于最有价值的知识——科学。将近 200 年过去了，科学以惊人的速度发展着。如果说教育的目的是为"完满的生活""幸福的生活"做准备，那么我们该怎样为未来做好准备，怎样为幼儿的未来做好准备？可以说，当今时代对于教育的挑战是空前的。

在思考如何应对未来世界挑战的过程中，教育研究有两个重要进展：一是对未来准备目标和内容的研究，即"核心素养"的研究与实践；二是对教育方式的研究，即"深度学习"的研究与实践。1997 年，经济合作与发展组织提出了核心素养的结构模型，不仅掀起核心素养改革浪潮，还使核心素养成为教育改革的焦点。《中国学生发展核心素养》将中国学生发展的核心素养分为三个维度，综合表现为六大素养。"核心素养是学生在接受相应学段的教育过程中，逐步形成的适应个人终身发展和社会发展需要的必备品格和关键能力。"① 让学习者获得核心素养，必须将知识的学习转化为智慧和能力的学习，深度学习就成为必然选择。所谓深度学习就是学习

---

① 林崇德. 中国学生核心素养研究［J］. 心理与行为研究，2017（2）：145.

者以解决问题和发展高阶认知为目的，积极主动地运用综合知识和经验解决问题、建构认知的过程。"深度学习"概念虽然是国外学者于1976年提出的，但"授人以鱼不如授人以渔"的"渔"追求，中国古已有之，有意义的学习、有效的学习，均与深度学习的追求暗合。

在学生核心素养和深度学习研究如火如荼之时，学前教育也在进行着静悄悄的革命。《3—6岁儿童学习与发展指南》虽然没有提"核心素养"，但其对幼儿"应知应会"的选择、对幼儿关键知识和关键经验的确定都是核心素养的研究旨归。冯晓霞教授较早提出了"幼儿区域活动中的深度学习"，推动了我国幼儿深度学习的研究。深度学习与核心素养（或者说"关键经验"）是相辅相成的。核心素养是为完满生活和幸福生活做准备，而要获得核心素养，必须让幼儿深度学习，获得真正的学习力，将知识转化为素养或能力。学习不仅仅是知识的学习，更是围绕着知识进行探索，获得学习力和创新力等未来社会与个人终身发展必需的关键能力、个性品质及道德品质。我们的研究以已有研究为基础，努力体现以下三个特点。

前瞻性。面对新时代和未来世界的复杂性和多变性，我们认为学前教育与中小学教育一样，都应该进行朝向深度学习的教育改革，使幼儿在游戏和探究活动中发展好奇心和探究能力，主动、积极地解决问题，发展计划性、反思能力和问题解决能力。深度学习既是对社会环境变革的回应，也是学习本质的回归。我们的研究从幼儿深度学习课程设计和教育支持、游戏中的深度学习、区域活动中的深度学习、教学中的深度学习、一日生活中的深度学习与幼儿深度学习评价等方面，对幼儿深度学习进行理论和实践的探索。

统整性。我们倡导深度学习是回归学习本质的学习，力图从幼儿深度学习角度统整课程、游戏和教学的理论与实践：①确定幼儿应知应会的关键经验和核心素养；②整合我国综合主题课程改革和国外著名课程模式研究的经验，确定实施模式；③根据深度学习理论和学习机制的多学科研究成果，确定教育支持的方法与策略；④探索幼儿深度学习的评价模式和方法。我们的研究努力做到本土课程与国外先进课程的统整、教师主体与幼儿主体的统整、预设与生成的统整、游戏与课程的统整。

操作性。我们的研究既不是理论上的设想和推演，也不是单纯的实践探索，而是理论和实践的真正结合。我们对深度学习的理论研究历时多年，也进行了持久的实践探索，正式实验也有近两年时间。经过理论与实践的持续对话，我们较好地解决了课程教学碎片化、知识与经验对立、预成与生成割裂等问题，力图使理论变得更有解释力和迁移力，使方法与策略更具操作性。本丛书的许多案例来自实验园的实践成果，说明这样的改革不仅是必要的，也是可行的。

我们深深知道，没有研究者和实践者的卓越探索与实践智慧，就不可能有本套丛书。我们借鉴了前人的大量智慧，在此表示深深的谢意，也希望通过一系列抛砖引玉的研究，启发更多理论和实践工作者加入对深度学习的探索。我们也将以开放的态度欢迎大家批评指正，共同为幼儿未来幸福和完满生活打下坚实的基础。

广州大学

2021 年 12 月 17 日

发现儿童，发现世界，发现自己

（一）

夸美纽斯在《母育学校》中，首次提出针对 6 岁以下儿童的教育大纲，带我们从"发现自己"走向"发现儿童"。这颗文艺复兴时期的星星之火点燃了人们对儿童的关注。至此，人们开始用心观察、深入研究儿童，试图发现并解读他们的内心世界，为他们的成长和发展提供更好的支持，以实现儿童的自由和解放。可以说，儿童的美好未来是我们的共同追求和梦想。

杜威认为，观察是教育实践的基石，是了解学生需求和兴趣的关键途径。通过观察学生的实际行为和反应，教师能够更加深入地了解学生的特点和学习状况，从而制定更加有效的教学策略，激发学生的学习热情和积极性。而评价也是杜威教育理论中另一不可或缺的部分。他强调，评价不仅是对学生学习成绩的简单记录，更应该是对学生学习过程和思维能力的深入分析和反思。通过评价学生的学习表现和思维过程，教师能够更好地了解学生的学习需求和困难，为他们提供有针对性的指导和支持，促进他们的全面发展。维果斯基认为，通过观察个体在社会和文化环境中的活动和交往，可以了解到他们的认知和情感发展过程，以及与语言的互动关系。这种观察不仅包括对个体行为的表面观察，还包括对其内在思维过程的揭示，从而为理解个体的发展提供了重要线索。布鲁姆则提出了著名的"认知目标分类法"，强调了评价对于教学目标的设定和达成的重要性。他认为，通过评价学生在认知领域的表现，可以促进他们的思维能力和学习成就的提高。这些教育大家如同一颗颗发光的星辰，照亮了教育领域的漫漫长夜，留下了永恒的思想遗产。这一切奠定了我们认识儿童、发现儿童的基础。

如何发现儿童，从某种意义上来说，其实就是如何发现自己。而这，也彰显着一个社会的文明程度和教育的实质内涵。

（二）

有这样一个故事：

在自主创作时间，每个孩子都拿起了心仪的绘画工具，满怀激情地开始了创作。在一个角落，有一个名叫阚阚的女孩，她一直在专心地画着，一幅美丽的画面逐渐呈现在纸上。但是，她画了一段时间后，停下了画笔，沉思了一会儿。教师在观察孩子们的创作时，发现了阚阚停下来的情况。于是，她悄悄走过去，轻声询问："阚阚，你画得这么认真，为什么停下来了呢？有什么困难吗？"阚阚抬起头，有些犹豫地说："老师，我想画出我梦想的样子，但是不知道该怎么画。"教师听了，笑着说："那么，你的梦想是什么呢？"她眨巴着眼睛，小心翼翼地说："我想成为一名画家，让每个人看到都觉得很快乐。"教师听后，鼓励道："你的梦想很美丽，你可以用自己的想象力和创造力来表达。试着再画一下，把你内心中的美好展现出来。"阗阗听了老师的话，重新拿起了画笔，开始了新的创作。她用颜色和形状，描绘出了一个充满阳光和笑声的世界，画面中有彩虹、花朵、小动物，还有快乐的孩子们，其中一个就是她自己。

这是一位教师曾经分享给我的小故事。她说她后来一直在思考：什么才是梦想？什么是孩子的梦想？这是学习吗？他们学习了什么？我们该如何对他们做进一步的支持？

在这个故事中，在教师的潜意识里，已经把发现儿童、解读儿童、支持儿童作为专业发展非常重要的一部分。《3—6岁儿童学习与发展指南》指出，儿童是积极主动的学习者，具有独立的思想、意识和行为，他们对周围事物有着与生俱来的探究和学习愿望。《幼儿园保育教育质量评估指南》强调："认真观察幼儿在各类活动中的行为表现并做必要记录，根据一段时间的持续观察，对幼儿的发展情况和需要做出客观全面的分析，提供有针对性的支持。不急于介入或干扰幼儿的活动。"《幼儿园教师专业标准（试行）》提出："有效运用观察、谈话、家园联系、作品分析等多种方法，客观地、全面地了解和评价幼儿；有效运用评价结果，指导下一步教育活动的开展。"《幼儿园教育指导纲要（试行）》也指出："教育评价是幼儿园教育工作的重要组成部分，是了解教育的适宜性、有效性，调整和改进工作，促进每一个幼儿发展，提高教育质量的必要手段。"

在童年的花园里，每一朵绽放的花朵都有着独特的色彩和魅力，而观察和评价幼儿，就如同精心呵护这片花园，要用心感受每一朵花的生长姿态，用智慧指引它们茁壮成长。观察是打开生命之门的钥匙，是与幼儿进行心灵对话的桥梁。在观察中，我们能够感受到幼儿世界的纯真和灵动，发现他们身上独特的光芒和潜力。我们用心倾听，细细品味他们的言行举止，探寻着隐藏在他们内心深处的渴望和梦想。而评价是展现生命之美的画笔，是铺展成长之路的指南。在评价中，我们用智慧分析幼儿的表现和进步，用关怀引导他们的学习和成长。我们客观地审视他们的行为和思维，给予他们真诚的赞美和建设性的指导，让他们在自我认知和自我完善中不断前行。观察和评价幼儿不仅是一种技能，更是一种态度和责任，赋予未来无限的可能和希望。

（三）

当今社会已经进入了需要终身学习的信息化、智能化时代，人类的学习方式从浅层学习走向更有意义、更有深度的学习。哈佛大学文理学院院长柯比在《学习力》一书中指出：学习力是我们生活在 21 世纪最需具备的能力，是一个人生存的最大资本。而对于学习能力的判断，关键不在于知识的掌握量，而在于整合、建构、迁移、创造性地运用知识解决实际问题的能力，即深度学习能力（Deep Learning）。"深度学习"并不是一个全新的概念。但是对于"幼儿深度学习"，让大家认识、接受、理解并认同，却走了很漫长的一条道路。

幼儿深度学习是一个充满活力和探索的领域，它不仅涉及孩子们的认知、情感及全面发展，更关系到他们未来的成长。在学前教育领域，深度学习有其特定的内涵及特征。幼儿深度学习的"深"不是指向深奥的学习内容，不是超越儿童认知能力的高难度内容的学习，不等同于"小学化"倾向，而是可操作、可执行的基于儿童原有认知水平与经验的学习，它强调的不仅是幼儿的学习成果，更是幼儿积极、主动的学习过程，关注的是幼儿在学习过程中是否发生深层次的思考与认知活动。本书希望提供一套系统的观察与评价方法，以帮助教育工作者和家长更好地了解和促进幼儿的全面发展，陪伴孩子们更有意义、更有深度地学习。在深度学习的时代，我们不仅需要关注幼儿的表面行为，更需要理解他们的内在思维和情感状态。然而，深度学习的观察与评价并不是一件轻松的事情，我们面临着各种挑战，比如，如何准确观察幼儿的行为；如何通过量化或质性评价的方式评价他们的学习过程；如何有效地激励他们持续进步。在这个过程中，我们不断地探索、实践、反思，以期为大家提供更加科学、有效的指导。

本书的独特之处在于它不仅提供了理论框架和研究成果，更注重实践操作和案例分析。我们在第一章中对幼儿深度学习的观察与评价进行了概述，为读者提供了一个全面的认识。第二章至第四章分别深入探讨了幼儿深度学习的观察、量化评价、质性评价和激励评价，涵盖了从理论到实践的方方面面。第五章则重点讨论了如何通过激励评价激发幼儿的学习动力和兴趣。最后一章通过案例分析，将理论与实践相结合，为读者提供了更具体、生动的教学参考。

在撰写本书的过程中，我们对于幼儿深度学习的重要性和复杂性有了进一步的思考。希望通过本书的出版，能够为广大幼儿教育工作者、家长以及教育研究者提供一份有益的参考，共同探索幼儿深度学习的奥秘。

2022 年，《幼儿深度学习课程设计与实施》一书与大家见面，得到了业界的广泛认可。而这也仅是对于幼儿深度学习进行解读的第一步。对幼儿深度学习的观察和评价也是十分必要的，这是一项非常困难的工作，因而也是本套书中最后一本提交出版社的。这里首先要感谢国内外相关研究者，没有他们的成果也就没有这本书的诞生。还要特别感谢参与本书案例分享的幼儿园老师和园长们，没有你们的扎根实践和教育智慧，我们也不可能有此自信，笃定这些观察和评价能够付诸实践。当然更要感谢本书的各位主编和作者，你们的辛勤耕耘、砥砺前行最使我们钦佩和感动。广州大学叶平枝教授对全书进行策划、组织和统稿，并撰写了第五章；广州大学王欣欣博士完成了第一章，参与了本书第二、第三和第四章的撰写；广东新理念教育研究院的吴灵灵老师、广州黄埔区香雪幼儿园的黄菲老师、逯丽丽老师参与了第二章的撰写，并对书稿进行部分统稿；广州市第二幼儿园张小芳硕士、广州大学的杨幼榆硕士参与了第三章的撰写；佛山大学的钟媚教授参与了第四章的撰写；佛山教育局学前教研员赵嘉茹老师、广州番禺区教育局学前教研员罗海萍老师、深圳市龙华区外国语学校附属求知幼儿园章妍园长为第六章做出了贡献。在第六章，还有许多老师和专家分享和点评了案例，非常感谢你们的辛勤付出和积极贡献。特别感谢教育科学出版社的各位同仁们，没有你们高质量的编辑工作和专业指导也不能让这本稚嫩的图书达到出版水平。最后，向所有阅读这本书的读者致以最诚挚的谢意，感谢你们的关注和支持。

以一首小诗与大家共勉。

在童心的世界里漫步，
观察幼儿的笑语与童真。
细心聆听，如春风拂过耳畔，
观察，是爱的绽放和无限。

幼儿是生命的花朵，
盛开着纯真与希望的芬芳。
细细品味，如甘露滋润心田，
观察，是关怀的滋养和沉淀。

评价是一盏明灯，
照亮着幼儿成长的道路，
指引着我们前行的方向，
评价，是希望的呼唤和引领。

你的每一个奇思妙想，

我们都愿仰头欣赏。

观察与评价，是教育的艺术，

让幼儿在关爱中茁壮成长。

用心观察，用爱评价，

让每个童心绽放光芒的翅膀。

发现儿童，发现世界，发现自己。

叶平枝　王欣欣

广州大学

2024 年 3 月 16 日于广州

目　录

第六章　幼儿深度学习观察与评价案例　/ 169

第一章
幼儿深度学习的观察与评价概述

第一节 幼儿深度学习的观察与评价概念界定

近些年，我国幼儿园教学与课程改革在教育视角上发生了两个重要的变化：第一，从儿童角度来看，我们由关注儿童的一般性、整体性的教育，转变到关注儿童个体的独特性与个性化需求的教育；第二，从成人角度来看，我们由关注教育者如何开展教育，转变为关注幼儿的学习过程和学习结果，即幼儿"如何学""学得怎么样"。关注幼儿的个体成长、学习结果、学习过程和学习质量，这也是高质量教育的要求。这与幼儿深度学习的内涵及要求相一致，也成为核心素养视角下教与学的重要趋势①。

了解幼儿的个性化发展与学习及学习程度和效果，可以通过观察与评价来实现。许多教育组织，如全美幼教协会（NAEYC），都提出了评价对于教和学的重要性，也强调了观察对于评价的重要作用。我国学前教育相关标准对此提出了一些要求和建议，比如《幼儿园教育指导纲要（试行）》指出："教育评价是幼儿园教育工作的重要组成部分，是了解教育的适宜性、有效性，调整和改进工作，促进每一个幼儿发展，提高教育质量的必要手段。"而且，"幼儿的行为表现和发展变化具有重要的评价意义，教师应视之为重要的评价信息和改进工作的依据"。需要注意的是，对幼儿的评价应当"在日常活动与教育教学过程中采用自然的方法进行。平时观察所获的具有典型意义的幼儿行为表现和所积累的各种作品等，是评价的重要依据"。《幼儿园保育教育质量评估指南》针对师幼互动提出："认真观察幼儿在各类活动中

---

① 田波琼，杨晓萍. 幼儿深度学习的内涵、特征及支持策略 [J]. 今日教育（幼教金刊），2017（Z1）：18-20.

的行为表现并做必要记录，根据一段时间的持续观察，对幼儿的发展情况和需求做出客观全面的分析，提供有针对性的支持。不急于介入或超拔幼儿的活动。"《幼儿园教师专业标准（试行）》中对于激励与评价方面提出："有效运用观察、谈话、家园联系、作品分析等多种方法，客观地、全面地了解和评价幼儿；有效运用评价结果，指导下一步教育活动的开展。"

观察是学前教育领域提倡的一种儿童学习与发展评价方式，是学前教育教学的基本工具，能够从儿童发展、知识技能、学习兴趣、游戏认知等多维度支持幼儿的学习和发展，对于学前教育的从业者、家长和幼儿来说都至关重要。幼儿的深度学习是学习结果，更是一种学习过程和学习能力。通过观察对幼儿的深度学习进行评价，对促进幼儿的深度学习能力、提高深度学习质量尤为关键。我们先需要明确观察和评价的内涵，再进一步探讨幼儿深度学习的观察与评价的特点与意义。

一、观察的特点与类型

（一）观察，但不是观看

在幼儿园，教师们都很喜欢观看幼儿，看他们的游戏与互动。在观看幼儿的过程中，教师们能够发现幼儿的性格，了解幼儿的情绪，看到幼儿的成长变化。但是，我们对教师的要求是不能只停留在"看"的层面，而需要在一定时间内，有计划、有目的地看，也就是"观察"①。"观"是看，"察"是思考，也就是说，观察是边看边想、边感

---

① Beaty. 幼儿发展的观察与评价 [M]. 郑福明，费广洪，译. 北京：高等教育出版社，2011.

知边思考的一种活动。观察（observation）是一种有目的、有计划、比较持久的知觉活动，是一种历史十分悠久、帮助家长和教育者了解幼儿的重要方式。达尔文曾说："我没有突出的理解力，也没有过人的机智，只是在觉察那些稍纵即逝的事物并对他们进行精细观察的能力上，我可能是中上之人。"① 著名的生理学家巴甫洛夫也曾在石碑上刻下"观察、观察、再观察"。《管子·宙合》也提及了："不审不聪则缪，不察不明则过。"这些都说明了观察的重要性。

观察具有三个重要的特征。

第一，观察是一种感性的认知活动，是通过感官进行的直接认识外界的活动。

第二，观察具有目的性。它不是盲目的信息搜索过程，而是基于一定的对象、视角、任务和步骤，有目的、有目标的认知活动。通过观察和记录，我们能够了解幼儿在一定时间内做什么、为什么这样做，以及如何做。

第三，观察具有计划性。基于观察的目的性，观察对象、观察目的、观察内容都需要有计划地进行。

观察（且需要记录），是教师开展教学活动、实现教育评价最强而有力的技能之一。通过观察，我们能够了解幼儿的学习与发展，能够对幼儿的变化开展真实性评价，能够构建发展适宜性的教学内容与方法，能够施行有价值的指导，能够反思教学行为和过程，能够预防问题并在发生问题时有效解决问题。观察的力量十分巨大。

（二）观察的种类

获得评价信息的途径有很多，如访谈、观察、问卷、测验等。无

---

① Borlow. The Autobiography of Charles Darwin：1809 - 1882 ［M］. London：Collins，1958：139.

论何种评价类型，观察都是常见的评价者获取评价信息的关键方式。在观察前需要做好充分的准备，包括工具、设备的选择，观察类型的确认，以及观察提纲的梳理。观察包含多种类型，应当根据观察目标、内容和对象进行选择。观察的类型有以下几种①。

1. 质化取向的观察与量化取向的观察：质化取向的观察是为了了解个案深入的、多元的意义，而量化取向的观察更关注于不同要素之间的数量关系。

2. 参与性观察和非参与性观察：参与性观察需要观察者和被观察者在一起生活和工作，直接体验被观察者的行为语言。但通常来说，在实践中，非参与性观察更多。非参与性观察能够客观、完整地获取信息，但因为不能体会被观察者的感受，有时也需要结合其他方式，如谈话。

3. 隐蔽性观察和公开性观察：按字面意义来理解，区别就在于被观察者是否知道观察者在进行观察。

4. 结构式观察和非结构式观察：对于结构式观察，观察者是有计划、有标准、有程序地进行观察，而非结构式观察则相对较为灵活，可以根据现场情况及观察者的需求灵活调整。

二、评价与教育评价

光是观察是不够的。我们必须理解我们所看到、听到和触摸到的东西的意义。② 著名哲学家和教育家杜威就曾提出对儿童观察要进行进一步的思考。对杜威而言，教育不只是得到一定能力和技能的方式，更是实现个人潜力的途径。他对于学习过程提出了新的思考：要使观

---

① 鄢超云. 学前教育评价［M］. 北京：高等教育出版社，2010.
② Dewey. Democracy and Education［M］. New York：Columbia University Press，2024.

察更有意义和价值，教育者和被教育者都应当基于好奇心，开放性地对出现的概念或意义做出理解，从而对幼儿本身及其学习有更深层的了解。

观察是评价的重要手段之一。通过观察，教育者可以获得诸多信息，这些信息可以很好地被利用，比如能够让教师准确地站在儿童视角，持续性地了解他们是谁、在做什么、能够做什么，进而设计更有针对性的活动，提供更有价值的材料和促进儿童成长的同伴互动、师幼互动。因此，运用观察信息能够开展对幼儿的评价和课程设计。那么，什么是评价？什么是教育评价？

（一）评价和教育评价的定义与特点

"评价"（assessment）是 19 世纪末伴随价值论的产生而发展起来的一个哲学概念。在日常生活中，评价无处不在，我们会遇到各种各样的人或事，在与其交往的过程中会获得大量信息，对这些信息进行加工、处理、分析后，就会形成一定的认识，从而能够对其"是好是坏"做出判断。这往往就是评价。评，即判断，价，即价值，它是人类特有的一种价值判断活动。评价的本质是用价值来说明的，那么，什么是价值？简单来说，价值就是"有用"或"没用"，是一种与客观有差别的概念，因人、事、时而异。人类的社会活动创造了价值，但是程序如何是需要去判断的，而这种判断就是评价，也就是主体对客体对于人的意义的一种观念性的把握，是主体对于客体有无价值以及价值大小所做的判断。我们现在对评价的定义，是指通过各种方式对被评价者的理解与认知所进行的测量和评估，其中包括已知资源，也包括其他方式获得的测验、观察、访谈和报告，用于代表一定的评估或测量。谈及评价，我们需要注意其与评估、测量、评鉴、评定、考评、认证的区别，尤其是测量和评估。测量（measurement）指"将一数字表示的量指派于某种属性或特质的过程,以便能够客观地进行评估、比较和分析"[1],是量化的概念,是给教育所关注的某些属性如智力水平等分配数值的过程,比如测量受教育者能记得的信息有多少,智力在什么分值范围等。评估(evaluation)则是针对个体进行的,包括对其表现的正式和非正式的等级划分、考察或鉴定,比如评估教师的观察与记录能力。评估和评价从根本上看是共通的,但是评估更偏向于对判断对象复杂性的关注。一个公式可以简单地理解评价的含义:

评价=测量(量的记忆)或非测量(质的记忆)+价值判断

"教育评价"一词最早是由美国教育家泰勒于 1929 年提出的,通常用于计划课程和组织变量等抽象实体。它指的是在一定教育价值观的指导下,教育者根据预定的目标,通过各种方式和手段,收集有关教育活动、教育过程和教育结果的信息并对其进行判断的活动。[2] 从价值论角度来看,它是对教育活动中已经获得或可能获得的价值做判断并使其达到教育价值增值的过程。我们可以理解为,教育评价就是对教育的社会、政治、经济、文化价值做出判断,并以此促进教育的发展。需要知道的是,个体或社会对教育的需要一般较复杂,不同个体与社会的需要在不同阶段也有差异性,对教育的价值判断是非常复杂的[3]。

教育评价可以是对教育对象的表现、学习和发展等做出评价,也可以是对教育教学的过程和结果进行评价。因此,教育评价包含了几个重要的特征,并有一定的施行步骤(见图 1-1)。

① Steven. On the Theory of Scales of Measurement [J]. Science, 1946, 103(2684):677.
② 鄢超云. 学前教育评价 [M]. 北京:高等教育出版社,2010.
③ 霍力岩,潘月娟,黄爽,等. 学前教育评价 [M]. 北京:北京师范大学出版社,2015.

第一，教育评价本身是一个有目的、有计划的过程，是一个系统性或程序化的活动过程；

第二，教育评价的基础是一定的教育价值观或教育目标；

第三，教育评价的核心是针对教育对象的状态和效果进行价值判断；

第四，教育评价的方法具有科学性；

第五，教育评价的目的在于提升和完善教育对象的表现或行为，或者提高教育质量，为教育决策和变革提供方向。

图1-1　教育评价的一般步骤

理解了教育评价的本质，方可更好地理解学前教育评价的内涵。学前教育评价就是对学前教育领域内的各项活动、过程和结果进行持续性的、系统性的判断和评估的过程。比如，教师在教学活动中对幼儿的游戏、活动或工作进行观察，然后将观察到的信息通过一定方式记录下来；教师收集、整理和分析幼儿的作品，建立装有幼儿作品的成长档案，用于判断幼儿某些方面的能力；教师邀请幼儿解释和描述他们在活动中某个环节的思考和分析过程；教师通过检核表、量表、叙述、照片、视频等方式记录和分析幼儿的学习过程和效果。

（二）教育评价的起源与历史发展

教育评价的概念来源于古代教育者对被教育者的学习能力的检验，具体的形成时期要追溯到 19 世纪末至 20 世纪初兴起的以追求考查教育效果的客观性为目的的教育测验运动。美国现代教育评价专家库巴和林肯将教育评价的发展历史划分为五个阶段，即考评阶段（19 世纪末）、测验或测量阶段、描述阶段、判断阶段及建构阶段①②③。

1. 考评阶段

考评阶段是教育评价的史前期，其间笔试逐渐代替了口试。1845年，在美国波士顿学校委员会主席赫拉斯·曼的倡导下，开始了以统一的试卷测验众多学生以评价一所学校教学质量或教育方案的考评阶段。

2. 测量阶段

（1）提出测量的本质是测验或测量

1864年，英国人费赦公布了"作业量表集"，开始了用科学方法研究教育测量问题的尝试；1879年，冯特在德国设立了第一个心理学实验室，为了揭示人的心理本质问题而设计了种种周密的实验方案与实现方案的诸多严密的测量方法；1882年，英国人高尔顿在伦敦设立了人类学测验实验室，对个别差异进行研究，并与其他学者合作设计了许多统计方法，将学习能力与学习效果量化，加以客观比较；1897年，美国人莱斯对三万多名小学生进行了拼字实验，通过测验对教学方案提出了改进意见。

（2）教育测量理论的诞生

1904年，桑代克发表了《心理与社会测量导论》，教育测量理论由此发展起来，这本划时代的巨著标志着一场教育测验运动的开始。

（3）教育测量的兴盛

1905年，法国人比纳和其助手西蒙制定了第一个较为有用的智力测验量表"比纳-西蒙量表"。三年后，美国教育家斯通提出了客观化

① 刘佩佩. 西方教育评价发展历史沿革 [J]. 戏剧之家（上半月），2013（7）：243-244.
② 王俭. 教育评价发展历史的哲学考察 [J]. 教师教育研究，2008（2）：1-6.
③ 朱德全. 教育测量与评价 [M]. 北京：高等教育出版社，2016.

测试算术的方法，不少学校用以评价教学质量。最开始，测量主要采用标准参照测验，用于测量个体的行为水平，后来发展到用于测量团体。随后，教育测量发展成三种不同性质的测验：学力测验、智力测验和人格测验。这一时期的一个重要特点是测量技术的大量运用，评价者更多的是承担测量技术员的角色。

3. 描述阶段

1929—1933 年，全球经历了一次经济大萧条，教育也因此危机四起，社会和教育都处于反省之中。对于学校教育的改进，美国八年课程改革委员会（Eight-Year Study Curriculum Reform Committee）进行了一系列的研究和实验。为了进行有关教育评价的研究，以泰勒为首的评价委员会成立，并正式提出了"教育评价"的概念及评价原则和方法。其基本思想包括：人的行动是复杂的，所以要从各方面进行评价，不仅是分析的，也是综合的；作为评价方法，仅用纸笔进行测验是不充分的，应该采用包括观察在内更为广泛的方法。他们将评价过程分为了四个步骤，也就是目标评价模式：第一步，确定教育目标；第二步，设计评价情境；第三步，选择和编制评价工具；第四步，分析评价结果。

4. 判断阶段

1958 年，美国国会通过《国防教育法》，开始关注课程评价的相关改革。在泰勒提出的目标评价模式的基础上，诸多学者提出了新的思想和观点，将泰勒时期的"描述性"评价发展到"判断性"评价，即评价是用一定的标准去衡量所得结果是否达到了既定目标，并做出价值判断。因此，在此阶段，相关学者倡导评价者不仅要运用一定的测量手段去收集信息和数据，还应当支持制定一定的判断标准与目标。

5. 建构阶段

在这个阶段，对于教育评价的理解与认知又更近了一步，不仅关注评价对象及与其相关的其他人，关注"价值差异"所带来的问题，还关注"科学方法"的应用与实践。因此，建构阶段的评价理论认为，评价所描述的并不是客观状态，而是评价者对于评价对象的一种主观认识，是一种"价值多元化"的"心理建构"。

综上，国外教育评价的发展具有以下几个特点：**从评价的目的看**，从以目标为中心转向以决策为中心，最终发展到以人为中心；**从评价对象看**，从只关注个体学生的学力，发展到评价影响学习的各种因素；**从评价功能看**，从按照教育测量的结论衡量教育质量，逐步发展到通过评价人与教育活动参与者的互动，评价人与活动参与者共同商定评价内容与实施方案，进而修正教育决策并对教育方案进行改进。

我国教育评价的发展经历了对国外教育评价理论的引进与本土化发展的过程。事实上，早在秦至魏晋南北朝时期（公元前 221 年—公元 589 年），教育评价的雏形已经在选士测评活动中萌芽。到隋朝大业元年（605 年）正式确立科举制度，教育评价逐渐系统化，并在随后的一千多年里发展成为筛选人才的重要手段，通过对考生的学识、德行和能力进行测评，为选拔人才进入仕途或进一步深造提供了依据。在 1905—1949 年这段时间，教育测量的研究和实践开始逐步发展，从 1918 年俞子夷编制的《小学国文毛笔书法量表》，到廖世承和陈鹤琴在高校设置课程测验，再到 1924 年后一系列相关专著的诞生，教育评价与教育测量相结合，呈现出了多种体制的多元化格局。在 1977—1983 年间，沉寂了许久的教育评价又开始通过高考得以恢复。从 1984 年开始，我国陆续将一些国外教育评价理论和方法引入进来，之后才真正开始了科学教育评价的起步阶段①②③。因此，我国教育评价的发展经历了萌芽期、形成期、恢复和兴起期、全面研究期和正式开展期。目前，我国教育评价的理论和方法体系已基本确立，形成了符合我国国情的教育评价实践模式和制度框架。

（三）教育评价的要素与类型

要素是构成事物的必要因素。教育评价的要素包括：评价主体（谁来做评价）、评价内容（评价什么）、评价依据（评价问题和指标）、评价信息获取方式（如何获得信息）及评价目的（为什么要评价)④⑤。

评价主体通常为教师、教育管理者、家长及儿童。儿童作为评价主体是一个较有争议但也逐渐被重视起来的热点话题。事实上，儿童是可以作为评价主体的，如在档案袋评价法中，可以邀请幼儿自己选择他认为合适的作品放入档案袋中。

评价对象从内容上来说可以划分为三类：对人的评价（如对学生、教师的评价）、对物的评价（如对环境、设施的评价）、对活动的评价（如对项目、课程的评价）。在我国学前教育理论与实践中，通常将学前教育的评价界定为两大类：一是儿童发展评价，二是学前教育活动评价。这在前面提及的相关教育标准和要求中都有涉及。

评价依据包括评价指标体系和评价标准，前者涵盖了基于评价目的、教育目标等的指标内容，后者是根据指标体系判断评价对象的程

① 潘国文，蒋书同. 我国教育评价发展历史的特点及未来启示 [J]. 黑龙江教师发展学院学报，2023，42（1）：1-5.
② 肖远军，邢晓玲. 我国教育评价发展的回眸与前瞻 [J]. 江西教育科研，2007（12）：12-14.
③ 张敏强. 20世纪教育测量学发展的回顾与现状评析 [J]. 教育研究，1999（11）：32-37.
④ 李亦菲. 教育评价的要素和结构 [J]. 基础教育课程，2005（1）：43-45.
⑤ 鄢超云. 学前教育评价 [M]. 北京：高等教育出版社，2010.

度。因为评价是一种价值判断活动，因此一定是有一定的判断标准的，具体还是要看评价的内容和目标。

评价信息可以通过量化取向或质化取向的方式来获得。比如，幼儿园想要了解新生适应情况，可以采用量化取向的信息（如设计教师和家长问卷，以获取家长和教师认知中的新生入园后的情绪、态度等信息），也可以采用质化取向的方式（如通过观察、访谈等了解幼儿的具体表现）。在获取评价信息的两种方式中，又包括了多种评价工具，如测验、观察、谈话、问卷、个案研究等。

评价目的通常为诊断、改进、鉴定、激励、导向。

学前教育评价的类型有多种，可以从评价范围、基准、层次、主体、功能、信息获取方法等不同角度进行分类。

1. 从评价范围来看，可分为宏观评价和微观评价。宏观评价是指涉及教育系统整体或政策层面的评价，例如对国家或地区教育政策实施效果的评价。而微观评价则聚焦于对具体的教育活动或教学工作的评价，例如对某一幼儿园教师教学效果的评价。

2. 从评价基准来看，可分为绝对评价、相对评价和个体内差异评价。绝对评价是指将评价对象与预设的标准进行比较，例如在统一的卫生要求标准下，对不同班级的卫生状况进行评价。相对评价是指将评价对象与其他对象进行比较，例如在幼儿园观课活动中，比较不同教师的课堂表现。个体内差异评价是指对同一对象在不同时间或不同方面的表现进行比较，例如对教师在不同时间段内专业能力的发展情况进行评价。

3. 从评价层次来看，可分为分析评价和综合评价。分析评价是指针对同一发展领域的不同维度和指标进行细致的评价，例如在评价幼儿的语言发展时，可能会分别考察其听、说、读、写四个方面的能力。综合评价则是指从整体上对幼儿的表现进行评价，包括主观和客观两个方面。例如，在评价幼儿的艺术作品时，主观评价可能涉及对作品创意和情感表达的感受，而客观评价则可能涉及对色彩运用、构图技巧等技术层面的分析。

4. 从评价主体来看，可分为自我评价和他人评价。自我评价是指评价主体对自己的行为和表现进行反思与评估，例如教师对自己的教学进行自我评价。他人评价是指由其他人对评价对象进行评估，例如教师之间的互评或管理者对教师的评价。

5. 从评价功能来看，可分为诊断性评价、形成性评价和总结性评价。诊断性评价是指在教育活动开始前或初期进行的评价，用于了解受教育者的起点水平和需求，如入园体检。形成性评价是指在教育活动进行过程中进行的评价，旨在提供反馈和改进建议，例如定期对幼儿的生长发育进行评价。总结性评价是指在教育活动结束时进行的评价，用于总结和判断整个教育过程的效果，例如对幼儿园的等级评定。

6. 从信息获取方法来看，可分为数量化评价和非数量化评价。数量化评价是指通过量化的方法获取评价信息，例如智力测试。非数量化评价是指通过质性的描述和分析获取评价信息，例如幼儿园半日活动的观察记录和评价。

三、幼儿深度学习的观察与评价

（一）观察：评价幼儿深度学习的重要途径

对幼儿进行观察能够帮助教育者对幼儿的发展与学习做出整体、系统、有效的评价，也能够促进高质量课程的计划、设计和构建。对幼儿深度学习的评价关注的是学习的过程和结果，相较于标准化测试，观察是更适宜的支持对幼儿的深度学习进行评价的方式。**首先**，标准化测试的性质和场景一般不适用于婴幼儿。通常来说，标准化测试会让测试者坐在固定的位置上，使用一定的测试工具（如纸笔、电脑），做一些测试题目，但这对于专注力有限的婴幼儿来说，可操作性很低，难度很大；**其次**，标准化测试可能得不到准确的测试结果。幼儿可能把这种测试也当作一种游戏，且有可能对题目的理解有一定的偏差，很大可能呈现的结果并不真实有效；**最后**，标准化测试所得到的分数意义和价值不大，它只能通过答案体现小部分信息，而不能获得全面、整体的信息。而观察则是一种发乎自然的认识儿童的方法，是对幼儿个体进行评价的最佳方法之一，尤其是针对 3—6 岁幼儿①。

那么，观察什么呢？在幼儿的深度学习中，观察的主要内容是幼儿是否发生了深度学习，以及发生的程度如何。对于幼儿深度学习的"过程"与"结果"，都可以通过观察进行分析与评价。比如，基于幼儿深度学习的"强内在动机""情境性""问题性""自主性""反思性""整体性"等重要特点②，我们可以通过观察幼儿在活动或游戏中的行为、语言、互动等，了解幼儿的深度学习是否真正发生了，以及具体的学习过程；基于幼儿深度学习评价量表中的相关指标，我们能够通过观察了解现阶段幼儿深度学习的程度与具体表现。关于幼儿深度学习观察的内容，我们将在第二章第二节做重点阐述。

如何进行观察呢？基于幼儿发展和幼儿深度学习的特点，评价幼儿的深度学习应当结合量化与质化的观察方法，非参与或参与地开展有结构性的观察。至于是否要隐蔽，可根据具体情况做出选择。有时，观察者需要加入幼儿的对话或互动中，以形成对他们如何发展、如何与他人互动和游戏的理解。值得注意的是，在对幼儿进行观察之前，

① Beaty. 幼儿发展的观察与评价［M］. 郑福明，费广洪，译. 北京：高等教育出版社，2011.
② 叶平枝，等. 幼儿深度学习课程设计与实施［M］. 北京：教育科学出版社，2022.

应当选择操作性强、有意义的观察工具，对每个维度都进行细化，以得到具体的相关信息。而对于观察方式、流程、注意事项等，也应当做好说明，有计划、有目的地开展观察才能得到有意义、有价值的信息（见图1-2）。关于幼儿深度学习观察的具体方法及如何进行记录和分析，我们将在第二章第三节重点阐述。

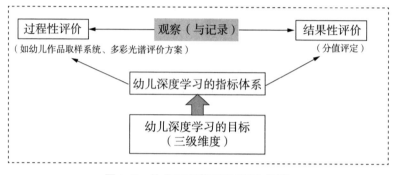

图1-2　幼儿深度学习的观察与评价

（二）幼儿深度学习评价的界定与一般框架

基于幼儿深度学习的特点，我们可以界定幼儿深度学习评价，即在核心素养的驱动下，教师根据幼儿深度学习的目标，通过观察等方式，对幼儿深度学习的过程和效果进行判断，判断深度学习是否发生及发生程度，幼儿是否具备深度学习能力以及该能力的表现程度如何的过程。

幼儿深度学习的评价主体： 通常为教师。但对于学习过程的评价，应当加入幼儿。幼儿深度学习评价具有主体性取向的特点，教师应当与幼儿共建这个过程，引导幼儿自主、自然地参与评价过程。

幼儿深度学习的评价对象和内容： 对幼儿深度学习的能力进行评价需要关注幼儿在活动/游戏中的深度思考与体验，过程和结果同样重要。

幼儿深度学习的评价依据：应当构建以学习目标为基础的幼儿深度学习评价指标体系，作为幼儿深度学习评价的依据和理论基础。

幼儿深度学习的评价方法：可以通过量化取向或质化取向的方式提取信息。比如，通过观察对幼儿深度学习的过程进行评定，通过儿童作品对幼儿深度学习的效果进行评价。

幼儿深度学习的评价目的：判断幼儿深度学习的能力，思考促进幼儿深度学习的支持策略和课程设计。

明确了评价的各个要素和类型，有利于我们更宏观地建立幼儿深度学习评价的框架。幼儿的学习评价包含静态评价和动态评价两方面，一方面是幼儿已经达到的水平、获得的经验，另一方面是幼儿达到这种程度的过程与达到现在这个学习状态的前后变化过程。幼儿在深度学习过程中表现出来的能力不是单一维度的数值反映，而是多维度、综合能力的体现，因此，对幼儿的学习评价也要从学习结果与学习过程两方面进行梳理。除了要了解幼儿"知道了什么"，还要了解"能做到什么"，且要在情境、事件、时间等明确的情况下进行评价，否则容易产生误解。针对幼儿深度学习的评价，可以基于以下框架做进一步思考（见图1-3）。

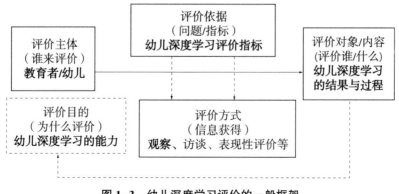

图1-3 幼儿深度学习评价的一般框架

（三）幼儿深度学习评价的核心：核心素养及 21 世纪技能

在本系列丛书之一《幼儿深度学习课程设计与实施》中，我们界定了幼儿深度学习的具体特征，其中表明幼儿的深度学习是"以核心素养为中心的""有意义的""整体性"的学习。我们基于此来判断幼儿在游戏或活动中是否发生了深度学习，以及幼儿深度学习的能力发展。非常重要的一点是，要站在"未来智慧"的视角，将深度学习的评价目标与核心素养目标相融合①。

2021 年，美国国家科学院（National Academy of Science）在《为了生活和工作的学习：在 21 世纪发展可迁移的知识与技能》② 的报告中探讨了深度学习与 21 世纪技能的整合，提出了 21 世纪技能与深度学习相互促进的关系。报告认为，深度学习强调知识内化及知识迁移能力形成的过程，是培养学生 21 世纪技能的重要途径，而 21 世纪技能的应用又反过来能够支持深度学习的发展。21 世纪技能将能力分为三大领域与能力群：认知能力、自我能力、人际能力。值得注意的是，这里所指的 21 世纪技能（21st century skills）在各国及国际组织文件中所使用的名字略有差异，比如经济合作与发展组织及欧盟称为"关键能力"（Rey competencies），日本和新加坡称为"21 世纪能力"（21st century competencies），而我国称为"核心素养"。2016 年，《中国学生发展核心素养》将中国学生发展的核心素养为分三个维度：文化基础、自主发展、社会参与。在中国学生发展核心素养的框架中，核心素养被界定为学生应该具备的、适应终身发展和社会发展需要的必备品格和关键能力③。

---

① 叶平枝，等．幼儿深度学习课程设计与实施［M］．北京：教育科学出版社，2022.
② 孙妍妍，祝智庭．以深度学习培养 21 世纪技能：美国《为了生活和工作的学习：在 21 世纪发展可迁移的知识与技能》的启示［J］．现代远程教育研究，2018（3）：9–18.
③ 左璜，谢少菲．深度学习的三种样态：基于中国学生发展核心素养的视角［J］．现代教育论丛，2021（5）：59–65，95.

因此，评估幼儿的深度学习应当结合核心素养与 21 世纪技能的能力目标，构建幼儿深度学习的指标体系（见表 1-1 和图 1-4）。

表 1-1　21 世纪技能领域

能力领域	能力群	具体描述
认知能力	认知过程及策略	批判性思维、问题解决、分析推理/论证、解读、决策、适应性学习、执行作用
	知识	信息素养
		ICT 素养①
		口头和书面交流能力
		积极的倾听能力
	创造力	创造与创新能力
自我能力	知识开放	灵活性
		适应性
		艺术与文化欣赏力
		个人与社会责任（包括文化意识与能力）
		对多样性、适应性、连续学习的认识
		智力兴趣与好奇心
	职业道德/责任心	主动
		自我方向把控
		责任感
		坚韧
		毅力
		成效性
		第一类自我管理（元认知能力）
		职业性/伦理
		正直公民意识
		职业发展方向
	积极自我评价	第二类自我管理（自我监控、自我评价、自我加强）
		身体与心理健康

———————

① ICT 素养指的是信息和通信技术素养（Information and Communication Technology Literacy），指个体能够有效地使用数字工具、技术资源和在线环境进行信息获取、处理、交流和分享的能力，包括对计算机、互联网、软件应用等技术工具的掌握，并能够利用这些技术进行问题解决、批判性思考以及创新性地应用知识。

续表

能力领域	能力群	具体描述
人际能力	团队协作	交流
		协作/合作
		团队工作
		协调
		人际交往能力
		同理心/接受不同观点
		信任
		服务导向
		解决冲突
		协商/谈判
	领导力	引导与指挥能力
		责任
		自信的沟通
		自我展示
		对他人的社会影响

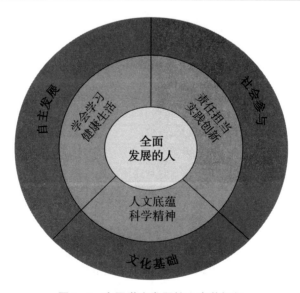

图1-4　中国学生发展核心素养框架

在本节，我们从理论层面对观察与评价进行了梳理，并以此为基础提出了对幼儿深度学习观察与评价的思考及界定。接下来，我们将进一步探讨幼儿深度学习的观察与评价之间的关系，及其重要的意义与价值。

第二节　幼儿深度学习观察与评价的关系

我从未见过懒惰的人

我从未见过懒惰的人；
我见过
有个人有时在下午睡觉，
在雨天不出门，
但他不是个懒惰的人。
请在说我胡言乱语之前，
想一想，他是个懒惰的人，还是
他的行为被我们称为"懒惰"？

我从未见过愚蠢的孩子；
我见过有个孩子有时做的事
我不理解，
或不按我的吩咐做事情，
但他不是愚蠢的孩子。
请在你说他愚蠢之前，
想一想，他是个愚蠢的孩子，还是
他懂的事情与你不一样？

我使劲看了又看，
但从未看到厨师；
我看到有个人把食物
调配在一起，
打起了火，
看着炒菜的炉子——
我看到这些但没有看到厨师。
告诉我，当你看的时候，
你看到的是厨师，还是有个人
做的事情被我们称为"烹饪"？

我们说有的人懒惰，
另一些人说他们与世无争；
我们说有的人愚蠢，
另一些人说他学习方法有区别。
因此，我得出结论，
如果不把事实
和意见混为一谈，
我们将不再困惑。
因为你可能无所谓，我也想说：
这只是我的意见。

——鲁思·贝本梅尔①

这首小诗出自《非暴力沟通》一书中鲁思·贝本梅尔的一首小诗《我从未见过懒惰的人》，它很好地解释了"观察"与"评价"的区

① 卢森堡. 非暴力沟通 [M]. 阮胤华，译. 北京：华夏出版社，2009：7.

别。我们"看到"的指向的是观察，我们"理解"的指向的是评价。观察与评价，就好比对艺术馆里陈列画展的理解和解读，对画展客观的、基本性的理解和描述是观察，而对画展主观的、更为详尽的理解和解读即为评价。二者是有一定差异的。在生活中讨论观察与评价的关系时，我们往往倾向于多观察但尽量不评价，更不要妄加评价。比如在看画展时，我们应当对展出的画有客观的理解和描述，而不去做过多的猜想和个人解读，这是对画家和绘画本身的尊重。又比如在理解积极的人际关系与交往时，我们强调在人与人的沟通中要多观察少评价。《非暴力沟通》这本书就提出，区分观察与评价是通向良好沟通的第一步，也是至关重要的一步。印度哲学家克里希那穆提也说过："不带评论的观察是人类智力的最高形式。"这种观点的核心在于，当我们观察而不评价时，我们能够更客观地理解眼前的事实，而不被个人偏见或感受所干扰。评价往往用静态的语言来描述一个动态的个体，这种简化或概括的过程容易产生偏差或误解。相比之下，观察是基于事件的频率和具体事实，注重描述实际发生的情况，而评价则是带有个人主观的、概括性的判断，这正是"定量"和"定性"之间的差别所在。因此，观察是更为客观的心理状态或描述，而评价则更为主观。但是，在教育领域，尤其是在学前教育领域，对幼儿的观察与评价都十分重要。想要促进幼儿的发展与学习，我们不但要对幼儿进行有聚焦的观察，更要进行有目标的评价。观察是评价的基础，评价是观察的结果，二者相辅相成，互相促进。

一、幼儿深度学习的观察是评价的重要基础

如前所述，根据评价范围、基准、层次、主体、功能、信息获取方法等不同维度，教育评价可分为不同的类型。在后面的章节中我们也会提及，幼儿深度学习的评价有量化和质化之分。但是，无论是何种类型的评价，观察都是评价的重要基础之一，观察与评价是承上启

下的有机整体。

　　观察能力是幼儿教师必不可少的专业技能之一。意大利著名教育家蒙台梭利曾指出，作为一名教育工作者，应该有一双敏锐的眼睛。陶行知先生也说过，教育为本，观察先行。鄢超云教授也在一次幼儿园分享会中提出，儿童观察与评价的目的是有意识的观看和倾听，是为做出决定而进行的信息收集与分析。他强调观察与评价的关系为：观察是评价的重要基础，只有做好观察，才能做好评价，评价是基于观察的。**首先**，幼儿的成长和发展具有灵活性和多样性，观察是了解儿童的有效途径之一，也是对个体进行评估的最佳方式。由于幼儿无法完整地通过语言表达自我，他们常通过活动来展示自己的情感和想法。与年长的孩子或成人不同，幼儿不会掩饰自己的情绪，因此，观察能够为教师提供真实、准确的信息，有助于更好地理解幼儿的需求和发展状态。此外，幼儿通过活动表现自我。与年龄稍大的孩子或成人不同，幼儿不会隐藏自己的情感和想法，不会装扮自己，因此，通过观察可以得到准确的信息。**其次**，观察具有客观和真实的意义。对儿童的观察是在自然、真实的情境中发生的，教师能够了解到幼儿当下的深度学习情况和表现出的深度学习能力。回想一下皮亚杰认知发展理论的由来，最开始皮亚杰在关于智力测验的研究过程中发现，儿童对世界的了解都遵从同一个发展顺序，在认知过程中犯的错误几乎是同一类的，并不是说儿童比成人"笨"，而是二者以不同的思考方式进行思考。基于儿童思维的特殊性，他放弃了标准化测验，开始用临床法研究儿童智力。皮亚杰通过严密的研究、细致的观察，得到了认知发展理论的相关观点。**再次**，前文也提到了，幼儿的学习评价包括静态和动态两种，无论是对学习过程还是对学习结果的评价，观察都是重要手段，测试型的评价不适合幼儿。**最后**，从幼儿的深度学习的特征来说，幼儿的深度学习需要学习者有强烈的内在动机，是需要在一定情境下进行代入的整体性的、有意义的学习，它以反思为中介，以核心素养为核心。这些特征是否显现，幼儿是否进行深度学习及深度学习的程度，都需要通过观察发现。因此，教师需要从教学和管理方面多观察，形成观察记录，开展具有针对性及目标性的教育评价，这样才能产生有效的支持策略，以促进幼儿完整的、有意义的学习。

二、对幼儿的深度学习进行评价不是观察的唯一目标

教学观察与评价是教学的需要，并随着教学的发展而发展。在这个过程中，评价不只有观察一种手段，且评价也不是观察的唯一目标。通过对儿童的观察，教师可以获得更多信息。对于这些信息，主要有两方面的应用：一是对儿童进行评价，二是为教学设计而服务。幼儿深度学习的观察能够让教师了解幼儿在做什么，如何去做，为什么要这么做，进而提供有价值的材料、游戏、活动或其他相关的教学设计。而在教学实施后，比如游戏结束或活动结束后，又可以通过观察对教学计划实施本身进行评价，促进教学计划的完善。这是一个持续的过程。因此，可以说，观察是完成幼儿深度学习评价的方式，但是观察的目标不仅是了解和发现儿童的深度学习能力和过程，不仅是为评价而观察，也是为了计划并实施能够促进幼儿深度学习的有效教学。

为评价而进行的观察：评价幼儿不是测试幼儿。评价是收集幼儿各方面发展与学习的信息并根据这些信息做出评估的过程。观察是信息收集的手段，幼儿在做什么、听什么，教师都可以记录下来。另外也可以通过收集他们的游戏、活动照片或作品来获得相关信息，从家长端了解相关信息也是重要的方式。基于这些综合性的评价，教师能够对幼儿深度学习的表现做出判断。服务于深度学习评价的观察可以通过自发的方式进行，也可以通过有计划的方式进行，无论是哪一种，都需要做好观察记录，以免产生主观倾向性或偏见。对于这个信息收集过程，有很多方法可以运用，具体我们会在第二章第三节重点介绍。

　　为促进幼儿深度学习的教学而进行的观察： 对幼儿课程设计进行
的观察可以是自发的、非正式的，也可以是有明确目标的、有计划的。
而对促进幼儿深度学习的教学进行观察通常来说是有目标的、有计划
的。一般来说，我们是针对幼儿深度学习的目标进行观察，看他们是
否具有某一目标的相应水平，或是否处于深度学习的过程，再基于对
幼儿深度学习能力和过程的判断，采取一定的教学方式或手段。从这
个角度来说，对幼儿深度学习的观察对于促进幼儿深度学习的教学设
计、实施和评价都有重要作用。

三、幼儿深度学习的观察和评价以反思为重要媒介

　　根据一些专家对于幼儿深度学习的特征的理解，我们可以了解到，
基于幼儿深度学习过程中知识和经验的建构与迁移，幼儿深度学习是
以反思为中介的。王小英教授[①]在《幼儿深度学习的理论与实践探索研
究（理论篇）》中指出，幼儿的深度学习应以评价反思为主轴，"评
价与反思"贯穿整个深度学习的过程。幼儿在解决"有挑战性的问题"
的过程中，需要不断发现问题，思考问题的解决方法，并通过实践进
行验证与反思，直到问题得到解决。叶平枝教授[②]也在《幼儿深度学习
课程设计与实施》中阐明，经验是零散的知识，必须通过反思、提升，
才能变成系统的经验或知识结构。这些都指向了反思对于幼儿发展与
学习的重要性，也体现了它对于建构与迁移的重要性。这是有理论依
据的。皮亚杰的认知发展理论[③]反对传统上的把儿童看作一个"依赖的
变量"的观点，他把儿童看作是一个"独立的变量"，提出了发生认识
论的两个中心思想，一个是"相互作用论"，另一个是"建构论"。相

---

　　① 王小英.幼儿深度学习的理论与实践探索研究（理论篇）[M]. 北京：清华大学出
版社，2021.
　　② 叶平枝，等.幼儿深度学习课程设计与实施 [M]. 北京：教育科学出版社，2022.
　　③ 皮亚杰.心理学与认识论 [M]. 袁晖，郑卫民，译.北京：求实出版社，1988.

互作用论是指知识不是从外界简单获取的，也不是对主体内部预先形成的结构的展开，而是主体与外部环境不断相互作用而逐步构建的。建构论则是指认识本身其实是一种积极主动和不断发展与变化的建构活动，发展不是由内部成熟或外部教学支配的，而是一个积极主动的自我建构的过程。1990 年，曼弗雷德·普伦泽尔（Manfred Prenzel）及海因茨·曼德尔（Heinz Mandl）根据皮亚杰的理论体系提出了建构主义学习迁移理论。他将学习定义为认知结构的建构，而应用（迁移）是认识结构的重新建构。这些理论其实都向我们揭示了幼儿的学习和发展是原有知识和经验的建构与迁移。而对于建构和迁移，都需要以反思为媒介。反思有助于幼儿对事物结构和本质的理解，从而进一步做出判断和评价。

幼儿深度学习的过程是建构与迁移的过程，而对幼儿深度学习的评价也是如此。从前文对教育评价的解读来看，评价就是对客体价值进行建构的过程，评价的意义就是通过认知活动来建构客体的价值。对幼儿深度学习的评价，其实就是对幼儿深度学习的能力与过程的认识与重构的过程。因此，反思自然也成为其重要的媒介。那么反思如何而来？反思的重要手段之一就是观察。正如前文所述，教育学视角下的儿童观察不仅是"看"的过程，也是"想"的过程。这就是反思的重要来源。综上所述，从观察到评价中间还有一个反思的过程，"观察–反思–评价"是贯穿于幼儿深度学习评价的有机整体。

第三节　幼儿深度学习观察与评价的意义

德国作家歌德曾说："思考比了解更有意思，但是都比不上观察。"歌德这句话对观察的重要性做了明确的总结。他其实是将一个有知识的人和世界的关系分成三种：第一种是了解，也就是让知识或信息灌进自己的脑子；第二种是思考，思考虽然也存在偏见，但意味着得到了和别人不一样的意见，是在了解之上的；第三种是观察，观察其实就是了解和思考之后更进一步的活动。

观察与评价本身都具有重要意义。幼儿深度学习的观察与评价更是如此。幼儿深度学习观察与评价对促进幼儿的深度学习并对幼儿的深度学习进行支持有促进作用。

一、有助于了解幼儿深度学习是否发生

在本章的开头，我们提到了关于学前教育评价必要性的一些指南和标准。除此之外，相关文件还对于如何对幼儿进行观察与评价给予了一定的方向性建议，如《幼儿园教育指导纲要（试行）》指出："评价的过程，是教师运用专业知识审视教育实践，发现、分析、研究、解决问题的过程，也是其自我成长的重要途径。"《幼儿园教师专业标准》要求："关注幼儿日常表现，及时发现和赏识每个幼儿的点滴进步，注重激发和保护幼儿的积极性、自信心。""有效运用观察、谈话、家园联系、作品分析等多种方法，客观地、全面地了解和评价幼儿。""有效运用评价结果，指导下一步教育活动的开展。"《3—6岁儿童学习与发展指南》（以下简称《指南》）要求"尊重幼儿发展的个体差异"，为此，我们既要准确地把握幼儿发展的阶段性特征，又要充分尊重幼儿发展连续性进程上的个别差异，支持和引导每个幼儿从原有水平向更高水平发展，按照自身的速度和方法到达《指南》呈现的发展"阶梯"，切忌用一把"尺子"衡量所有幼儿。这些都说明了观察与评价是了解幼儿发展与学习的重要手段，同时也提出了学前教育评价的多样性，为幼儿深度学习的观察与评价提供了方向。

在某个游戏中，"幼儿是否具有强烈的内在动机？""这个游戏是否是在一定情境下发生、发展的？""幼儿是否在这个情境下进行了知识和经验的迁移与运用？""幼儿在游戏过程中和游戏完成时是否进行了反思？"，这些问题与幼儿深度学习的特征有关，都可以通过观察和评价获得答案。观察与评价这两种历史悠久的方法能够帮助我们更好地从过程和结果两方面了解幼儿的发展与学习。通过观察与评价，教师能够深入地了解幼儿，理解他们的感受和行为，判断深度学习是否发生，或是发生的程度；通过观察与评价，教师能够了解每名幼儿以怎样独一无二的方式表现出自己的应用能力、分析能力、评价能力或创造能力等这些深度学习能力；通过观察与评价，教师能够了解幼儿整个深度学习的过程。比如，从幼儿深度学习的特征角度来说，强内在动机是深度学习发生的重要基础。内在动机从哪里调动？从兴趣而来。兴趣从哪里来？从情境而来。兴趣通过什么体现？体现在学习者的参与度与参与方式上。通过对幼儿游戏与活动的观察与评价，我们可以了解幼儿是否在一定的情境下产生了浓厚的兴趣，是否产生了强烈的内在动机。举个例子，幼儿在项目活动中和同伴一起搭建地铁。通常来说，项目活动是在教师指导下幼儿自主探究的过程，但是对于指定的项目内容，幼儿是否真的喜欢？是否带着强烈的兴趣参与搭建过程？这些都需要我们通过观察进行认识并加以理解。如果幼儿只是跟随着其他同伴机械性地进行搭建，没有交流更没有思考，也没有表现出积极性和主动性，我们就可以感受到幼儿在此过程中缺乏"强烈的内在动机"。再比如，对于幼儿深度学习的另一重要特征"有意义的学习"来说，光靠记忆无法进入深度学习过程，必须在理解的基础上进行迁移才能更好地实现深度学习。如果幼儿在搭地铁时只是将积木没有规则地随意堆叠，而不是将生活中其他搭建的经验运用到当下的搭建中，即没有展现出对搭建的思考，也没有体现出对地铁的认识，我们可以判断幼儿没有进行原有知识和经验的迁移。

二、有助于判断幼儿深度学习的发展过程

建构主义理论是幼儿深度学习的理论基础之一①。深度学习理论认为：学习既是一种认知过程，又是根植于社会文化和现实生活的建构过程。在前文我们也提到，基于建构主义视角，皮亚杰提出了相互作用论，坚持从内因和外因相互作用的观点来研究儿童的认知发展。在他看来，儿童在与周围环境相互作用的过程中逐步建构起关于外部世界的知识，从而使自身认知结构得到发展。在这个过程中，儿童与环境的相互作用涉及了两个过程，即"同化"与"顺应"。同化是指把外部环境中的有关信息吸收进来并结合到儿童已有的认知结构（也称"图式"）中。顺应是指外部环境发生变化，而原有认知结构无法同化新环境提供的信息时所引起的儿童认知结构的重组与改造过程。作为认知个体的儿童的认知结构就是通过同化与顺应过程逐步建构起来，并在"平衡-不平衡-新的平衡"循环中得到不断的丰富、提高和发展②。

从建构主义视角来看，幼儿的深度学习包含了知识与经验的建构与迁移。教育评价也在历史的发展中从最初的考评和测量发展到了关注人同时也关注与学习相关的各种因素的建构性评价。幼儿深度学习的评价就属于建构性评价，需要关注深度学习的整个过程。因此，幼儿深度学习的观察与评价不仅要了解幼儿深度学习是否发生，更要从综合性的信息中判断出幼儿的深度学习表现在哪些方面，以及某个方面发展到哪种程度，这也是可以通过观察与评价来进行判断的。比如，同样是搭地铁的案例，假设我们看到了幼儿将生活中其他搭建的经验运用到当下的搭建中，如预先画出地铁的形象，和同伴讨论他们要搭

① 叶平枝，等. 幼儿深度学习课程设计与实施 [M]. 北京：教育科学出版社，2022.
② 殷常鸿，张义兵，高伟，等. "皮亚杰—比格斯"深度学习评价模型构建 [J]. 电化教育研究，2019，40（7）：13-20.

建的地铁的结构、形状、颜色等特征，然后用木质积木有序地进行搭建，在搭建的过程中不断地发现问题、反思、寻找解决问题的方案，并最终完成搭建。我们在判断深度学习已经发生的同时也需要思考，在这个过程中，体现了哪些深度学习能力，以及相关能力的表现程度如何。举例来说，我们通过观察与评价，发现了幼儿在搭建过程中体现出了一定的分析能力。对此，幼儿表现出的是根据线索进行简单的分析，还是能够依据一定的关联性有目的地进行分析，抑或是能综合进行有目的的分析，且分析体现一定的合理性，这需要我们基于观察与评价进行有效的判断（可参考本书第二章第三节的表 2-2）。

三、有助于促进幼儿深度学习的适宜性指导

对幼儿深度学习的观察是评价的基础，做好观察才能做好评价；对幼儿深度学习的评价是对幼儿深度学习的综合评价，具有引导性和激励性的作用，能够促进幼儿深度学习的发生与发展。如前所述，通过观察和评价，我们能够获取关于幼儿深度学习是否发生或发生程度的信息。有了这些信息，我们也可以更好地根据幼儿深度学习的特征与目标发现深度学习为什么没有发生，了解幼儿深度学习能力有哪些欠缺，进而思考如何更有针对性地促进幼儿的深度学习，进行幼儿深度学习的适宜性指导。"幼儿深度学习的适宜性指导"是我们根据发展适宜性教育及发展适宜性指导的理念提出的。

发展适宜性教育（Developmentally Appropriate Practice，DAP）是由全美幼儿教育协会（National Association for the Education of Young Children，NAEYC）提出来的。全美幼儿教育协会成立于 1926 年，是美国最早的幼儿教育组织之一，致力于推广和发展儿童早期教育的最佳实践。1987 年，NAEYC 发布了《发展适宜性实践：幼儿教育的基础》（Developmentally Appropriate Practice in Early Childhood Programs），这份重要的指导性文件对发展适宜性教育的理念、目标、实践原则和

实施方式进行了详细的阐述和解释。自此以后，发展适宜性教育成为全球幼儿教育领域的重要概念之一，被广泛运用于幼儿教育实践中。这一概念主要是指基于儿童现有的发展水平、用适宜的理念和方式帮助儿童达到一定发展目标的教育实践。发展适宜性教育的概念其实源于苏联心理学家维果茨基提出的最近发展区理论。维果茨基认为，儿童存在两种发展水平，一种是儿童现阶段的发展水平，另一种是儿童在成人帮助之下能够达到的发展水平，这两种发展水平之间存在的差距就是最近发展区，是能够在成人的引导、支持与帮助下实现的①。

在这个概念提出后，有关"发展适宜性教育""发展适宜性课程""发展适宜性儿童指导"的研究也逐渐多了起来。莫瑞（M. C. Marion）根据"适宜性指导"理念，提出了"发展适宜性指导"（Developmentally Appropriate Guidance）这一概念。他认为，对儿童实施的发展适宜性指导应具备年龄适宜性以及个体适宜性这两种特点。莫瑞提出了发展适宜性指导的四个步骤，包括观察、决定、行动及反思。通过观察，我们了解儿童的行为，聚集于问题发生的场景，考察问题发生的情境。然后，基于观察，决定要做哪些改变，这个改变可能是问题情境，也可能是自身行为。基于此，教师可以进一步去实施所选择的策略，做出改变和调整，并在实施后进行反思：哪些得到了改善？为什么？是否仍有其他需要调整的因素？是什么原因造成的？如果还有其他改变，再从第一步观察开始做起②。

基于发展适宜性教育、发展适宜性指导的思想与观点，我们可以从幼儿深度学习的方向探究和思考什么是幼儿深度学习的适宜性指导。需要注意的是，幼儿深度学习适宜性指导的构建既要关注幼儿深度学

① 梁玉华，庞丽娟. 发展适宜性教育：内涵、效果及其趋势 [J]. 全球教育展望，2011，40（8）：53-59.

② Marion. 观察：读懂与回应儿童 [M]. 刘昊，张娜，罗丽，译. 北京：中国轻工业出版社，2021.

习的内涵与特征，又要关注幼儿深度习的目标，以此保证幼儿的深度学习既是完整的、有意义的，又是相互关联的，从而促进幼儿深度学习的适宜性发展。在此基础上，结合前文对幼儿深度学习观察与评价的关系的讨论，我们能够思考幼儿深度学习的适宜性指导的方向，除了观察、决定、行动和反思，还有非常重要的评价，即"观察–决定–行动–反思–评价"。对于幼儿深度学习的发生与发展来说，对幼儿深度学习的观察与评价十分重要。当然，对幼儿的观察与评价不仅需要教师之间的合作参与，还需要家长的共同参与。

第二章

幼儿深度学习的观察

第一节 幼儿深度学习观察存在的问题

幼儿深度学习除了受到幼儿自身学习动机、学习迁移、元认知、学习品质以及其自身的年龄和性别等主体因素的影响之外，还受到来自教师、同伴、家长等外部因素的影响。教师作为幼儿学习活动的支持者、合作者和引导者，对幼儿的学习过程有着重要的影响。深度学习是充分发挥教师作用的活动，教师观察深深地影响着幼儿的深度学习。

意大利教育家蒙台梭利对观察在教育中的重要性曾做过论述，她认为，唯有通过观察和分析，才能真正了解幼儿的内在需要和个别差异，以决定如何协调环境，并采取应有的态度来配合幼儿成长的需要①。由于幼儿的认知发展水平限制，以及幼儿深度学习的需求，观察成为教师对幼儿深度学习进行指导的关键，教师唯有通过观察去深入孩子的内心世界，去发现他们的学习需求，以此做出准确、科学的分析、评价，找到适宜的教育策略，在这个基础上才能为幼儿的深度学习提供有效的支持。然而在幼儿深度学习的教育实践中，教师观察存在着诸多问题。

一、观察意识淡薄，缺乏主动性

幼儿深度学习中的教师观察意识是指教师对幼儿深度学习过程中观察的价值、意义的认识以及教师观察的主动性和自觉性等态度。观察意识对于教师观察知识的学习、观察技能的运用和深度学习中的观察实践具有指导作用。虽然大部分教师都认可教师观察在幼儿深度学习中的重要作用，但在教育实践中，部分教师会把观察当作工作负担，

---

① 董玲玲. 提升幼儿园区域活动观察与指导："三环" [J]. 学子（理论版），2015 (4)：46–47.

消极观察，主要表现为：缺乏观察目标与重点，不知道观察什么；教师角色定位不清，高控游戏场景；对幼儿的游戏行为视而不见，应付工作，草草了事，观察记录失真。教师的这类消极观察难以发现幼儿游戏中的教育契机，促进幼儿的深度学习。

（一）教师缺乏观察目的，盲目地随意观察

没有目标、没有计划的观察是教师在幼儿深度学习观察中存在的主要问题。这种无效的观察从表面上看教师是在"看"，但其实这种看没有思考，是为了"看"而看，或者只是教师无意识的行为。明确的观察目的能够减少观察的随意性，对幼儿进行有目的、有计划的观察能提高观察效率和观察的客观性，同时可根据观察对幼儿进行深入指导，促进幼儿的深度学习。教师的观察目的主要来源于之前游戏中出现的问题、教师的疑惑、进一步改进的策略等。

在教育实践中，大部分教师会将幼儿的"哇时刻""突发意外状况"或"违反游戏规则"等行为作为观察重点，在观察之前并没有认真思考观察目的，也没有观察计划，只是对教师眼中"表现好的"小朋友进行拍照，而对年龄相对较小或发展水平中等的幼儿缺乏关注，部分发展水平一般的幼儿甚至在持续的一个学期中都难以得到一次教师观察与指导，更无法通过教师的支持从浅层学习走向深度学习。

（二）教师角色定位不清，高控游戏场景

在幼儿的游戏活动中，教师应扮演组织者、支持者和引导者的角色，支持、引导幼儿的学习向纵深方向发展。同时，教师作为幼儿发展的教育者、见证者、陪伴者、观察者，其目的是引导幼儿走向深度学习，促进幼儿的发展。在游戏活动中，教师的观察者角色能够帮助教师通过游戏捕捉关于幼儿发展的有意义的信息，帮助教师捕捉教育契机，为教师做出教育决策提供帮助。

然而在幼儿游戏活动中，有些教师过于专注于组织者的角色，每

天都忙于组织、管理幼儿的游戏活动，忙于维持秩序、解决冲突等，专门用于观察的时间少之又少。教师的高控行为不仅影响教师对幼儿行为的深度思考，而且也让教师很难从幼儿的行为入手，分析行为背后的原因，为幼儿的深度学习提供支持。

（三）教师应付工作检查，观察记录失真

在对幼儿的游戏活动进行观察、促进幼儿的深度学习之前，教师应遵循一些基本的观察原则，例如：客观性，对每名幼儿进行非判断性的观察；具体性，即便是最不起眼的细节也不能忽略，且应该及时记录；使用直接引语，观察者要细心聆听幼儿，并记录幼儿的原话。①

但在师幼比较高的现实条件下，教师人手紧缺，且忙于维持游戏秩序，导致教师没有足够的时间和精力去观察幼儿，或对幼儿的游戏行为视而不见。但是为应付幼儿园的相关检查工作，教师又不得不对幼儿的游戏行为进行观察，所以他们往往是简单地拍照，然后在游戏后根据照片进行回忆和加工。这种添加教师想象成分的观察记录会直接影响观察的客观性和真实性。由于这种应付态度，教师的观察记录也多流于表面，缺乏深入的分析和专业性，难以对幼儿的深度学习或教师的专业成长起到促进作用。

二、知识经验欠缺，缺乏专业性

幼儿教师的观察知识是指教师为促进幼儿深度学习开展观察活动所必须具备的有关儿童发展与教育的理论知识、观察的基本原理和观察方法等，它是教师专业素养的重要组成部分。② 教师需要通过观察幼

①　Beaty. 幼儿发展的观察与评价 [M]. 郑福明，费广洪，译. 北京：高等教育出版社，2011.
②　黄程佳，曾艳. 幼儿园教师的儿童行为观察素养：构成，现状与影响因素 [J]. 陕西学前师范学院学报，2020，36（11）：82-93.

儿的游戏行为，评估、了解他们各方面的发展水平，把握幼儿的个性特征及内在需要与动机，在此基础上为幼儿的深度学习提供教育支持。然而专业知识和经验的欠缺，会导致教师不知道观察什么，不能利用观察结果为幼儿提供鹰架支持，促使幼儿深度学习的发生。

（一）关于幼儿深度学习与发展的知识欠缺，难以评估幼儿的游戏水平

观察是教师了解、评估幼儿的重要手段，是教师为幼儿提供教育支持的主要依据。在游戏活动中，幼儿通过与材料和同伴互动，表现出他们在各领域的发展情况，教师可以根据游戏中幼儿的行为表现深入分析幼儿的游戏行为，以及行为背后的教育原理，为幼儿的深度学习和发展提供支持。

然而在教育实践中，很多教师对幼儿的观察只停留在对幼儿外显游戏行为的注意，教师只是知道幼儿出现了这些行为，而不知道幼儿为什么会出现这种行为，出现这种行为说明什么，幼儿当下的游戏行为处于何种发展水平，如何根据幼儿当下的游戏行为提供下一步的教育支持等。由于专业知识经验的缺乏，教师对深度学习的理解片面，没有构建起正确、完善的相关知识结构，所以很多教师对幼儿游戏行为和发展水平的解读较为浅薄，难以根据幼儿的发展规律合理分析幼儿当前的发展需求，为幼儿的发展提供恰当的支持。

（二）观察知识模糊，观察方法的选择与运用不适宜

要保证教师通过观察促进幼儿的深度学习，熟练地掌握各种观察方法必不可少。恰当的观察方法的使用能够帮助教师有效地收集信息，不同类型的观察方法可以在保障观察真实性的基础上，帮助教师获得对幼儿游戏行为的深入认识。

在幼儿园实际观察中，教师在观察深度学习方面的知识掌握得较为模糊，使用的观察方法较为单一，且缺乏规范性。大部分教师使用事件取样法，但对于使用事件取样法的注意事项却并不清楚。对于其他观察方法，例如扫描法、定点法、追踪法等，教师多仅停留在知道的阶段，并不能熟练掌握和运用。教师所选用的观察方法与观察目标不适宜、不匹配的情况也时有发生。例如在班级科学区，教师投放了"有趣的电路"相关实验材料和实验记录表，观察目标是"观察幼儿运用实验材料进行探索的过程"。可以看出，教师旨在通过观察了解幼儿的自主探究能力及问题解决能力。如果教师选择追踪观察，就能够及时给予幼儿支持和引导，促进幼儿的深度学习，但是教师却选择了扫描法，来回在班级区域走动、拍照，当班级其他区域的幼儿需要教师时，教师也给予回应。这说明教师并未按照观察目标实施观察，观察方法运用得不恰当。

三、观察能力不足，缺乏支持性

观察能力是指教师运用观察的相关理论和知识经验，在幼儿的深度学习活动中实际开展观察与记录活动，分析与解读幼儿的发展特点、需要及行为原因等，并为幼儿的深度学习提供支持的一种能力。它包括分析与解读观察信息方面的能力、在观察过程中有效提问与沟通的能力、捕捉关键观察信息为幼儿提供教育支持的能力。

（一）分析与解读观察信息能力不足

教师的分析能力是指教师对观察到的信息进行筛选、评价的能力。幼儿教师通过"看"收集信息，通过"察"对收集到的信息进行进一步的分析，从而获得对幼儿游戏行为的深入认识。教师在对幼儿的游戏进行观察时，特别需要注意的是对幼儿游戏活动中的行为表现和语言的分析，通过对观察到的信息进行进一步的解释、加工，确定幼儿当前的发展阶段，挖掘幼儿游戏行为背后的教育契机，这是教师评价和指导幼儿深度学习的突破口。

在现实中，教师在分析幼儿的游戏行为时，多半仅限于参照纲领性文件，通过对照分析来获取信息。由于相关知识欠缺、经验不足等，教师对幼儿游戏行为的分析通常缺乏理论支撑，以主观认识居多，难以发现幼儿游戏行为中的关键要素，无法有效指导幼儿的深度学习。

（二）有效提问与沟通能力不足

教师通过观察促进幼儿深度学习的重要途径之一是教师的语言指导，有效的沟通、提问能帮助幼儿梳理经验、拓展思路，引导幼儿积极主动地探求知识，提升幼儿的问题解决能力和深度思考能力。不合理的提问会抑制幼儿思维的积极性和创造性，降低沟通的有效性。然而，在现实中，教师常常无法清楚、详细地表达问题，没有仔细考虑幼儿在游戏中的表现就随意发问，形成了无效沟通。教师经常随意地问幼儿"你做的是什么""用什么做的""好不好玩"等，这些封闭性的问题会导致幼儿迷惑，是不在意是否得到回答的假问题，只需幼儿对事实或其他事项做回忆性的重述，或通过认知、记忆和选择性回想进行再认识，就可以知道问题的答案，起不到激励和引导幼儿深度学习的作用。

（三）教师反馈滞后

通过观察支持幼儿的深度学习另一个重要途径是教师的有效反馈。教师反馈的滞后常常导致错过最佳的教育契机。幼儿反应与教师反馈之间的时间间隔是促进幼儿深度学习的重要因素之一，因为在幼儿对自身做出的粗糙的、不完整的回应尚有清楚的印象时，教师做出的反馈才更有助于其发展。教师的反馈越滞后，越不利于幼儿正确地理解问题及养成正确的行为。这种反馈的滞后往往导致教师错过教育的最佳契机，教师不能及时根据观察结果为幼儿设计游戏或具体活动，为幼儿提供最近发展区，促进幼儿的深度学习。

第二节 幼儿深度学习的观察内容

幼儿深度学习的观察既是过程性的，又是结果性的。本部分的观察内容从深度学习的概念出发，覆盖了最基本的观察要点，教师应根据自身实际情况进行合理改编，以最大限度地实现观察的可信度和有效性。根据本丛书其他图书以及本书前文，我们可以从不同方面了解幼儿的深度学习，总的来说有以下几个关键词。

内在动机 深度学习关注学习者的学习参与度，强调在真问题的促发下、在个体内在动机的驱动下的高情感与高投入。

教师支持 深度学习很难由学习者自主促发，需要学习者与他人及周围环境的互动。

高阶认知能力 深度学习并非低阶认知能力的浅层学习，而是在理解基础上的分析、综合、应用与迁移。

问题解决 深度学习的深度表现在对复杂问题的解决（区别于传统讲授式教学），以问题解决为导向。

本节所要讨论的是幼儿深度学习的观察内容。幼儿深度学习的观察内容基于幼儿发展、幼儿深度学习的概念及特点。幼儿深度学习的特殊性要求对幼儿的观察要尽可能全面，从人是一个整体的角度来看，个体是整体性的学习，学习的过程包括社会和情感方面的各种因素，并伴随着认知、情感、社会性的多维表征。深度学习除个体的多维表征外，对他人及环境的互动也至关重要。这些都可以从已有研究中窥见一二。

接下来，我们也将从幼儿深度学习在个体多维表征（情感、认知、行为）层面以及个体与他人和环境互动方面的具体表现来对幼儿深度学习的观察内容进行说明。

一、个体多维表征层面

深度学习既需要认知上的深度参与，也需要情感和行为上的深度参与。它是一种全方位深度参与的沉浸式学习。没有认知、情感和行为三个维度同时深度参与，深度学习就不会发生。

（一）情感参与

相对于认知来说，对情绪进行明确定义要困难得多。有研究者将情绪定义为驱动力和动机[①]。情绪与认知之间的交互作用越来越被研究者所关注，长期以来所认为的认知与情绪是相互分离的观点逐渐被质疑。总体来说，情绪情感对认知的影响深远且复杂，大量强有力的证据还表明，情绪和动机在知觉、注意、执行控制和决策中也都起着关键的作用[②]。深度学习需要学习者高情感的投入已是不争的事实，学习者在学习中的情绪状态既包括感兴趣、愉悦、热爱等积极情感，也包括厌倦、懈怠、焦虑等消极情感。而深度学习需要的是高度积极的情感参与，积极情绪能够激活一般的行动倾向，对于认知具有启动和扩展效应[③]。积极的情绪能够加深学习者的学习体验，让学习者在深度体验中获得情感、认知和意义。积极的情绪能促成一种深层次的建构。幼儿在学习中的高度积极的情绪表现有：积极主动、浓厚的兴趣、强烈的意愿、高度的自信以及克服困难的意志。

---

① 邹吉林，张小聪，张环，等. 超越效价和唤醒：情绪的动机维度模型述评 [J]. 心理科学进展，2011，19（9）：1339-1346.
② 刘烨，付秋芳，傅小兰. 认知与情绪的交互作用 [J]. 科学通报，2009，54（18）：2783-2796.
③ 郭小艳，王振宏. 积极情绪的概念、功能与意义 [J]. 心理科学进展，2007（5）：810-815.

（二）认知参与

认知的深度主要体现在思维的深度。深度学习的重要特征是高阶思维能力的发展，它**首先**体现在思维状态上：思维活跃，深入思考，全面展示自己的思维过程；**其次**体现在思维策略上：以综合、评价、创造等深层认知策略参与学习活动，以元认知策略监控、调整、反思自己的认知过程；**最后**体现在思维结果上：思维深刻，敢于批判、质疑，能提出有深度的问题，发表精彩观点或独到见解。具体来说，有以下几种体现。

注重批判性思维的运用。对于所学知识，不能仅停留于"知道"的层面。在知识的建构过程中，学习者必须批判性地接受所学知识，并对其进行深入思考。只有对该知识有自己充分的理解与看法，才能算作掌握了所学知识。

强调知识的迁移应用。深度学习重视学习的迁移运用。同一知识点，在不同时间、不同情境甚至不同学科背景下都可能发挥作用。这就要求学习者在批判性理解所学知识的前提下做到"举一反三"，将所学知识活学活用，而不是机械地记忆。

面向问题解决。学习的最终目的是解决问题，浅层学习虽在一定程度上能够解决一部分问题，但更多复杂的实际问题的解决需要以深度学习为基础。"深度"不仅体现在学习过程的主动性与复杂性上，还反映在问题解决方面。当学习者能够熟练地运用某些知识来解决一个现实问题时，那他必然对这些知识有充分的理解，并成功地将其综合应用到新的情境中来。问题解决是深度学习的一个重要落脚点。

对学习过程的反思。反思是一种具有反省性和批判性特征的思维方式，是一种学习者自觉对自身认知结构、学习活动进行批判性审视和有效调控的学习方式。反思是一种高阶思维，它能够直抵事物的本质和内核，是自我建构的高级阶段。作为一种高阶思维，反思是深度学习的核心要素和评价深度学习的重要指标。反思能够促进学习者对知识信息的深度理解、个人意义的深度建构、经验技能的迁移应用及复杂问题的有效解决，进而促进深度学习目标的达成。深度学习需要深度反思。

（三）行为参与

在行为上，个体维度的表征是幼儿在学习时所表现出的能够体现幼儿深度学习特点的行为状态，是与幼儿情感参与、认知参与相伴而生的学习行为，是可观察的对幼儿是否进行深度学习的最直观、最显性的判断。幼儿深度学习需要情感、认知、行为上的深度参与，三者缺一不可，行为的深度参与是幼儿深度学习发生的前提，也是结果。学习行为一般指学习的自觉性、积极性、专注性等行为品质。而深度学习则对学习行为有着更高的要求，如高度自觉、积极、专注、自觉学习、勤于提问、深入探究、积极研讨等。

二、个体与他人互动层面

（一）与同伴互动

个体与同伴之间的互动是幼儿深度学习的又一重要表现。王小英教授从认知、情感、社会三个层面理解幼儿的深度学习。在社会层面她特别指出，同伴之间的合作对促进幼儿的深度学习具有重要作用。幼儿的深度学习离不开同伴互动，主要表现在个体之间的合作、交流等。这是因为，问题解决的复杂程度要求幼儿与同伴合作，同时与同伴互动的过程也是个体社会建构的过程，在此过程中，认知、情感、经验等各方面均获得发展。

（二）与教师互动

综合以往对深度学习的研究可以发现，教师在支持幼儿深度学习方面发挥着重要作用。幼儿深度学习发生的条件是教师的自觉引导，教师在问题情境的创设、学习方法、教师评价、互动氛围等方面的表现直接影响着幼儿的学习状态。

1. 问题情境的创设

深度学习是在兴趣或问题的驱动下开始的，因此问题情境的创设至关重要。情境创设成功与否在某种程度上决定了幼儿深度学习发生的可能性，比如问题情境是否能够激发幼儿的兴趣（是否有挑战性）、是否是真问题、问题本身是否有探究的价值等。

2. 学习方法

深度学习之"深"不仅体现在个体情感、认知、行为的参与上，还表现在学习方法的"深"上，主要是对复杂问题的解决（而不是知识传授）。深度学习的方法有很多，如探究学习、项目学习等，但无论是哪种方法，均以问题解决为导向。教师在教学过程中要创设知识应用的情境，培养幼儿运用知识、技能解决实际问题的能力。对幼儿学习方法的观察是判断幼儿是否进行深度学习的重要内容，但要从幼儿学习的整体性（动因、过程、结果）做判断，而非仅从学习方法本身进行简单定论。

3. 教师评价

教师评价可促进幼儿的反思，教师是幼儿自主反思的促进者、指导者。教师的作用是随时对幼儿学习的各个方面（目标、过程、结果、策略、态度、资源等）进行多维度、多样化的深度评价，以深度评价促进幼儿的深度反思，帮助幼儿养成深度反思的习惯。

4. 互动氛围

教师要营造平等、宽松、合作、安全的心理氛围。良好的互动氛围是幼儿自主性发挥的前提，它代表着幼儿被允许发表自己的想法并尝试一系列探索行为。安全的心理氛围带来积极的情感体验，而情感是调节人的学习状态的关键因素，它引领学习的动机，是学习的发动机或催化剂。

三、个体与环境互动

瑞吉欧教育非常重视环境的作用，称其为幼儿教育的"第三位教师"。布朗芬布伦纳的社会生态学理论认为，对人的发展起决定作用的是与个体生活紧密相关的微观环境。幼儿的深度学习离不开与周围环境的互动，环境中蕴含着隐性学习，对我们的潜意识产生作用，而这些潜意识的运作是学习过程不可分割的一部分。隐性学习过程是自然发生的，很难被主观控制，但是可以受诸如注意力调控等的影响，比如投放幼儿感兴趣的、有利于幼儿问题解决的材料，展示幼儿学习过程的记录及与学习主题相关的物件等。重复的隐性学习积累会长期有效，并对某一时刻的学习产生正面、负面多种可能的影响。所以我们需要研究并设计学习环境，以提升隐性学习过程，例如创设减少注意力分散的环境，提供有帮助的刺激、开放性的游戏材料等。

四、观察幼儿深度学习的注意事项

1. 确定观察情境

汉森被认为是早期的"情境论者"，他认为，从不同的情境中观察同一事物会观察到不同的结果，为此，科学界应该确定好观察的情境，否则就无法发现科学。因此，在对幼儿的深度学习进行观察时，首先要确定观察的情境，不同教育情境下幼儿深度学习发生所需的条件以及表现不尽相同，比如在教学、生活、游戏、体育等不同教育情境下，深度学习的条件完全不同。

2. 选择适用的测量工具

幼儿的深度学习是整体性的学习，很难用单一的某种测量方式进行评价，因此在对幼儿的深度学习进行评价时要选用合适的测量工具，以尽可能全面地展示幼儿的学习状态。必要时可以选择多种测量工具，量化和质性的观察方式可同时兼顾。

3. 教师理论先行

观察不是纯粹客观的视觉上的"看"，而是一件渗透了理论的事情。理论在观察前就已发挥作用，体现着观察者的主动性和目的性。根据汉森的观点，理论决定我们能观察到什么，也就是说，人只能看见自己所知道的东西①。可以这样说，教师对理论的掌握程度在一定程度上决定了其所观察的对象是否无限接近客观真相。因此，教师在进行观察时，首先要熟悉幼儿的发展规律，其次要理解幼儿深度学习理论，最后要熟悉使用的观察工具，这是测量工具能够发挥效用的基础。

第三节　幼儿深度学习观察的方法

《中共中央　国务院关于学前教育深化改革规范发展的若干意见》第八项"提高幼儿园保教质量"中明确指出，要"健全质量评估监测体系"，并且运用评价结果指导下一步教育活动的开展是幼儿园教师必须具备的专业能力。观察是学前教师日常生活的一部分，是在一段时期内，通过有意义的、详细的记录发现幼儿的兴趣与需求，深入了解幼儿如何思考和探索世界；发现问题，基于问题及时调整教学计划及实施方式，为幼儿提供积极的学习环境，从而促进其成长与发展。每位教师都应当关注日常生活中幼儿个体的行为、学习情况、与他人的互动，然后基于此及时、适当地调整计划，进行反思与评估。

有意义、有价值的观察需要明确几点信息：一是为什么要观察儿童，有清晰的观察方向和目标；二是观察什么，即观察的内容；三是如何观察，即采用哪些具体的方法。前文我们探讨了幼儿深度学习观察的目标、观察中可能存在的问题以及观察内容，接下来，我们重点

① 汉森. 发现的模式［M］. 邢新力，周沛，译. 北京：中国国际广播出版社，1988.

探讨一下幼儿深度学习观察的方法，包括观察与记录的重要性、具体的观察与记录方法以及重要的观察技能/策略。

一、观察与记录

全美幼教协会（NAEYC）曾提及，高质量的学前教育是通过持续、系统的正式和非正式评价方法来获取关于儿童学习与发展的信息的，比如观察、儿童活动记录、核查清单、等级量表、档案以及常规模式参照测试。针对幼儿，相对于其他方法，使用观察法与儿童表现样本相结合的评估方法能更全面、更准确地描述儿童能力的各个方面。《幼儿园教育指导纲要（试行）》也提到："平时观察所获的具有典型意义的幼儿行为表现和所积累的各种作品等，是评价的重要依据。"这也说明了观察对促进幼儿学习、发展及教育教学的重要性。我们都知道，只有当教师有意识地计划并仔细思考如何接近和回应儿童时，才能产生高质量的师幼互动，而这些都是建立在对幼儿有足够的了解并对此进行深入的思考、分析之上的。有意义的观察十分重要。

我们较难通过幼儿自己的解释去判断他们的行为，也不能通过一些标准性测验如性格测试或问卷调查去获得我们想要的信息，我们能够采用的最佳方法就是通过观察和记录收集有效信息。观察并记录幼儿的行为是教师进行教学和反思的源泉。如果说观察是为了探索幼儿成长的奥秘，那么记录就像是在这个探索奥秘的过程中收集线索，而最终奥秘的揭示就是我们想要达到的对幼儿的评价。观察的过程非常直接：观察/思考、记录/收集信息、制订计划/实施行动，最后进行评价/评估（见图2-1）。

"观察"的英文"observation"，组成是：ob（表加强）+ serv（表服务；保持）+ ation（行为），它代表一种行为和过程，有增强、促进的作用。结合幼儿深度学习的定义和内涵，我们可以对"观察"的英文"observation"进行延伸性思考。幼儿的深度学习是"幼儿在兴趣和

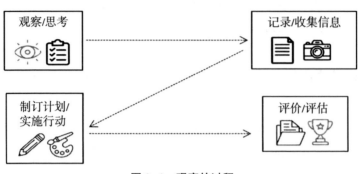

图 2-1　观察的过程

问题解决的内在动机驱动下，主动积极地探究并解决问题，丰富和发展认知、情感、能力和个性，并将学习所得迁移到新情境中的一种学习"①，而观察本身也蕴含着丰富的意义和力量（见图 2-2）。我们认为，观察能够并应当具备以下特性：目标性、建构性、促进性、参与性、反思性、确认性、意识性、协调性、渗透性、持续性及记录性。其中，很重要的一点是记录，有效的记录能够使观察更有计划性和目的性，使观察的结果更具体、系统和完整。

Objective	目标性：有目标地进行观察，了解幼儿的兴趣、能力和学习情况
Build	建构性：通过观察反思，建立观察者的评价和幼儿的自我评价
Strengthen	促进性：了解幼儿的需求，促进幼儿的发展与学习
Engage	参与性：幼儿不仅可以做观察客体，也应做观察的主体
Reflect	反思性：观察后进行反思，为有效的评价提供依据
Verify	确认性：观察的目标、内容和方法应当明确
Aware	意识性：需要考察幼儿个性、需求的差异
Tweak	协调性：在观察过程中发现问题并及时调整观察策略和方法
Inform	渗透性：观察应渗透在幼儿的游戏和活动中
Ongoing	持续性：在不同时间/场景下幼儿的表现存在差异，观察应持续进行
Notes	记录性：记录使观察更加具体、客观、系统、完整

图 2-2　对观察特征的延伸性思考

---

① 叶平枝，等.幼儿深度学习课程设计与实施［M］.北京：教育科学出版社，2022：10.

二、观察与记录方法①②③

在第一章中，我们提到了观察的种类。基于不同的观察类型，有很多种观察方法可以采用（见图 2-3）。

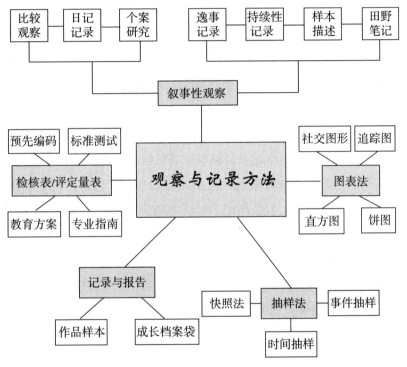

图 2-3 观察与记录方法

① Cohen, Stern, Balaban, 等. 幼儿行为的观察与记录 [M]. 马燕, 马希武, 译. 北京：中国轻工业出版社, 2021.

② Beaty. 幼儿发展的观察与评价 [M]. 郑福明, 费广洪, 译. 北京：高等教育出版社, 2011.

③ Marion. 观察：读懂与回应儿童 [M]. 刘昊, 张娜, 罗丽, 译. 北京：中国轻工业出版社, 2021.

在前文中我们提到，对幼儿深度学习的观察可以结合量化与质化两种方法，非参与或参与地开展有结构性的观察。根据幼儿深度学习的特征，综合相关专家和学者的研究，我们认为，针对幼儿深度学习的观察可以重点考虑以下几种方法：书面/叙事性观察、评定量表、抽样法、作品样本与成长档案法。

（一）叙事性观察

叙事性观察是教师较常用的一种观察方法，即便是新手也较好上手。对幼儿的深度学习进行叙事性观察一般是观察单个儿童，对其当下情境下的行为、语言做详细的描述。这种方法需要观察者在不打扰幼儿的情况下，尽可能详细地记录观察内容，然后尽快修改、完善草稿，最后形成完整的观察记录。叙事性观察包括很多类型，具体来说，从观察角度来看，叙事观察通常包括比较观察、日记记录、个案研究等；从记录角度来看，叙事性记录则通常包括逸事记录、持续性记录、样本描述和田野笔记等。

逸事记录是一种简短的（书写迅速，与持续记录相比细节较少）、开放的（可以用它观察幼儿发展或课程方面的任何信息）、描述式的（就像讲述一个故事）叙事性记录法，新手教师常用。逸事记录能够帮助我们评估幼儿的需求、兴趣和能力，开展课程计划和评估，以及记录变化是否发生，如何发生。持续性记录比逸事记录要复杂一点，是一种较长的（可能花较长的一段时间进行）、开放性的、描述式的观察记录形式。结合逸事记录和持续性记录，可以采用开放性的、描述式的观察记录形式来观察、记录幼儿深度学习的发展，根据不同的观察目标，再选择是简短的还是较长的记录方式，参见表 2-1 的观察记录模板。

表2-1 幼儿深度学习的叙事性观察记录模板

观察表	
观察者：观察者信息（姓名、职位、人数等）	**观察编号**：设计观察编码，如观察幼儿在活动中的好奇心，可用Q1.2.3……来表示（数字代表次数）。
儿童姓名：记录时可先写个代号。虽然只重点关注一名儿童，但其会与其他儿童互动，可用不同代号代表不同儿童。	**儿童年龄**：将幼儿的年龄精确到几岁几个月，这有助于我们参考相应年龄阶段的发展特点。
观察日期：这是为了后续有比较，也可用幼儿年龄作为参考。	**观察时间**：如上午 10:30/10:30a.m.

观察环境：
场地、设施、物料等信息，对判断幼儿的行为有帮助。

观察目标：
观察目标可以让观察者更有针对性地进行观察，记录起来也会更细致。观察者一定要确认为什么观察、观察什么，这样才会产生有意义、有价值的结果。观察需要结合幼儿深度学习相关评价指标，可参考表2-2。

观察记录：
我们不可能记下一切，写记录时应当记录正在发生的事情，全心关注与观察对象、内容及目标有关的重要信息。

观察结论：
应当概括地叙述观察到的内容，与目标相呼应。

观察评价：
根据相关指标的不同维度，对幼儿的表现与能力做出评价。

建议：
观察、评价是为了更好地促进幼儿深度学习的发展，因此对于幼儿深度学习的能力应给予指导性意见，从客观、主观等方面思考改进方案。

填写针对幼儿深度学习的叙事性观察记录表可参考以下指导原则。

指导原则1：建立观察计划，提前准备充分

有效的观察都是在有准备的前提下进行的。在观察前应当确认观察对象、内容、频次、时间、地点。了解要观察什么非常重要，重点参考原则 6。

指导原则 2：了解观察背景，记录发生情境

观察者、被观察者、观察时间与地点、观察环境等都是重要的观察信息，应尽可能地详尽。要知道，观察者一般只能观察到幼儿活动或发展的一小部分，如果说幼儿的深度学习是一部电影，那么观察者在某个活动中观察到的只是一张快照，对于观察背景的细节描述等同于为快照添加了背景。

指导原则 3：简短描述过程，及时完善记录

在观察过程中要尽快做记录，在记录时可以用各种符号做简短的笔记，之后再增加细节。做完观察记录后要及时地完成最后的逸事记录。

指导原则 4：记录原始用语，关注活动细节

在记录时，观察者需要快速书写，应当关注事件的丰富细节。细节描述能够更好地告诉我们发生了什么。另外，也应记下幼儿/老师的原始用语，可以用双引号标出，以保证信息的客观性与真实性。

指导原则 5：注意描述用语，保证客观准确

观察记录应避免解释性语言，而更多采用描述性语言。比如不应记录"乐乐有攻击性"，而应客观记录自己看到和听到的："乐乐把小白从他那里拿走的玩具抢了回来，说：'还给我！'"另外，为了获得完整、准确的信息，记录时应当保持客观的态度，描述但不评价。

指导原则 6：明确观察目标，有针对性地进行观察

幼儿深度学习评价体系的构建可以从五个方向思考，包括认知目标、情感目标、动作技能目标、思维结构目标以及学习过程目标。不管是针对哪个方面的目标，都应当设计好相应的观察指标。另外，也可以采用一些初步构建的幼儿深度学习指标，从中选择观察目标，比如美国国家教育委员会入学准备小组（Notional Education Goals Panel's Task Force on School Readiness）于 1991 年首次提出的幼儿学习品质，从七个方面提出了幼儿深度学习的特征：好奇心、坚持性、自主性、创造力、问题解决能力、合作能力、反思能力。

（二）检核表/评定量表

检核表（Checklist）和评定量表（Rating Scale）都是评估幼儿特征和行为的方式，都不需要原始的信息和数据，是较容易操作的观察幼儿的方法。检核表是将某些具体的特性或行为按照一定的逻辑顺序排列而成的列表/清单。如果幼儿表现出了这种特征或行为，就做一个标记；如果没有出现该行为，就不用标记。此方法通常用于确认某些行为是否存在。但是，检核表不能呈现行为质量和行为方式的相关信息，如果需要对幼儿的特征或活动进行评定，不管是量化的还是描述性的，都可以使用评定量表并结合逸事记录/持续性记录来使用。评定量表有三种类型：检选评定量表、数值评定量表、图形评定量表。其中，对幼儿深度学习的评价可以选用数值评定量表。但是，由于评定量表存在一些缺点，比如评价者可能掺杂主观判断，且没有原始数据的支持，不能提供有关幼儿行为质量的评定作用，所以可以结合逸事记录或持续性记录来使用。

评定量表应当根据需求制定，由于目前还没有全面、科学的幼儿深度学习评价指标体系，所以我们可以先参考美国国家教育委员会入学准备小组于 1991 年提出的七大学习品质作为幼儿深度学习评价的特征维度。在幼儿深度学习评定量表（见表 2-2)[1] 上，除了分值，还可以增加评论、日期 、摘要、备注等信息，让观察者对评定信息进行记录。

---

[1]　戈柔．让幼儿的学习看得见：班级区域活动的实施策略［M］．上海：少年儿童出版社，2020.

表 2-2　幼儿深度学习评价观察量表

观察者：

儿童姓名：

观察日期：

观察背景：

观察编号：

儿童年龄：

观察时间：

备注：

		1（不适当）	2	3（最低要求）	4	5（良好）	6	7（优良）
1. 好奇心	提问行为	1.1 对周围事物或现象不加注意。 1.2 看到现象无问题意识。		3.1 能注意到现象，有问题意识，但不会发问。 3.2 在成人的鼓励下能提出自己感兴趣的问题。		5.1 喜欢问问题，有提问的意愿。 5.2 主动提出自己感兴趣的问题。		7.1 对问题研究有兴趣，会主动追问。 7.2 刨根问底，直到把问题全部想明白。
	探究行为	1.1 对周围事物或现象无探究意愿。 1.2 无目的地胡乱操作。		3.1 对周围边的事物或现象有所关注，但兴致不高。 3.2 在成人的提醒下能进行简单的观察或探究。		5.1 能注意到周围的事物与想象，有探究的欲望。 5.2 能进行简单的观察或探究，并有所发现。		7.1 观察细致，能注意到相关信息，动手操作研究。 7.2 反复尝试，努力寻找缘由并尝试解决。

续表

		1（不适当）	2	3（最低要求）	4	5（良好）	6	7（优良）
坚持性	3. 专注力	1.1 活动易受干扰，频繁更换活动。 1.2 活动持续时间只有1—2分钟。		3.1 在成人的提醒下能坚持活动。 3.2 持续活动时间3—5分钟。		5.1 不受周边影响与干扰，持续活动。 5.2 活动持续时间在7—10分钟以上。		7.1 能够按照计划，有步骤地持续研究。 7.2 集中注意力15分钟以上。
	4. 忍耐力	1.1 拒绝，表现出不愿意坚持。 1.2 遇到困难就放弃。		3.1 有克服困难的意愿。 3.2 在成人的提醒下尝试克服简单的困难。		5.1 遇到困难表现得不害怕，有积极克服困难的勇气。 5.2 能运用多种方法尝试独立解决问题。		7.1 尝试独立解决比较复杂的问题，不轻易放弃。 7.2 坚持持续反复研究，解决问题时有耐心。
自主性	5. 认知行为	1.1 对自我感知不清，常常混清。		3.1 认识自我。		5.1 在认识自我的基础上乐意感知他人。		7.1 认识自我，认识他人。 7.2 会与他人做比较。
	6. 选择行为	1.1 随意选择，没有明确目的。		3.1 基本能按自己的意愿进行选择。 3.2 选择时能说出自己选择的理由。		5.1 能按自己的需要安排活动进程。 5.2 选择具有合理性。		7.1 当选择与他人有冲突时会灵活调整。 7.2 能为别人的选择提出自己的建议。

续表

		1（不适当）	2	3（最低要求）	4	5（良好）	6	7（优良）
自主性	7. 判断行为	1.1 不会对自己的活动进行判断。		3.1 能做判断但不一定准确。 3.2 能在他人的建议下做出基本准确的判断。		5.1 能在自己思考、理解的基础上进行较为准确的判断。		7.1 果断、准确地做出判断。 7.2 能说出自己判断的理由。
	8. 表达行为	1.1 表达意愿不强。 1.2 随意表达，思路不够清晰。		3.1 有表达的意愿。 3.2 在他人的提醒与帮助下能基本表达自己的想法。		5.1 愿意积极表达自己的想法。 5.2 能完整表达自己意愿。		7.1 能清楚、连贯、有序地按自己的方式进行表达。 7.2 能根据所处情境合理表达。
	9. 决策行为	1.1 没有决策的意愿与能力。 1.2 人云亦云，决策易受他人影响。		3.1 能在他人的提醒下做出自己的决策。		5.1 能在自己思考、理解的基础上主动做出自己的决策。		7.1 能果断、准确地做出决策，决策有清晰的依据。

续表

	1（不适当）	2	3（最低要求）	4	5（良好）	6	7（优良）
10. 思维方式	1.1 简单模仿，没有自己的想法。		3.1 尝试模仿和运用，有简单的想法，思路不一定正确。 3.2 能发现相同或相通，进行简单的梳理或概括。		5.1 有自己的想法，思路清晰。 5.2 愿意在原有基础上尝试改变，且尝试较为合理。		7.1 愿意改变原有思维模式，尝试新方法。 7.2 具有灵活性、独创性，能熟练变化，灵活解决问题。
11. 独特性	1.1 没有特别之处，随大流。		3.1 愿意与他人不一样。		5.1 有主动求新的意愿。 5.2 努力寻求新的表现，尽力与他人不一样。		7.1 追求创新，喜欢与众不同。
12. 多样性	1.1 安于现状，不愿动脑筋。		3.1 在他人的要求和鼓励下，愿意创造新的内容或方式。 3.2 尽力表现出多样。		5.1 有主动求新的意识，表现、表达较为自由。		7.1 能反复创造新的模式或内容。 7.2 表现、表达丰富多样。

创造力

续表

	1 （不适当）	2	3 （最低要求）	4	5 （良好）	6	7 （优良）
13. 分析能力	1.1 没有分析能力，不会分析。		3.1 能依据简单的线索进行分析。		5.1 能依据一定的关联有目的地进行分析。		7.1 能综合进行目的的分析。 7.2 分析准确，体现一定的合理性。
14. 沟通能力	1.1 没有沟通的意愿与能力，不会沟通。		3.1 有沟通的意愿，沟通能力不强。		5.1 能基本表达出自己的想法，表达能让他人理解。		7.1 表述得当，能说清前因后果，表述清晰简要。 7.2 能根据对象想法调整沟通策略。
15. 操作能力	1.1 没有解决问题的意识。 1.2 胡乱操作。		3.1 能在他人帮助下尝试解决问题。 3.2 有解决问题的意识，但操作能力不强。		5.1 有主动解决问题的意识。 5.2 尝试独立思考，能力解决问题。		7.1 能运用多种策略解决问题。 7.2 有目的、有步骤、有效地解决问题。

问题解决能力

续表

		1（不适当）	2	3（最低要求）	4	5（良好）	6	7（优良）
合作能力	16. 协商	1.1 没有协商意识，不会协商。		3.1 在他人的要求下愿意协商。 3.2 在他人的帮助下与同伴协商解决问题。		5.1 有协商的经验。 5.2 乐意发表自己的观点与看法。		7.1 能主动发起协商的要求或指令。 7.2 组织好协商，处理好协商者间的关系。
	17. 分工	1.1 没有分工意识，不愿意分工。 1.2 不会分工。		3.1 在他人的要求下愿意分工。 3.2 对分工有简单的认知。 3.3 在他人的帮助下尝试与同伴分工，初步明确自己所担当角色的任务。		5.1 有一些分工合作的经验与策略。 5.2 会担当分工的角色，能完成相关工作。		7.1 有分工合作的经验，会担当分工的角色，能完成相关工作。 7.2 能主动发起分工要求或指令。
	18. 配合	1.1 没有配合意愿。 1.2 不愿意或不会配合。		3.1 有配合的意识和意愿，愿意配合。 3.2 在他人的要求下能进行简单的配合。		5.1 能进行简单的与人配合。 5.2 在他人的协调下配合较为协调。		7.1 能主动发起配合要求或指令。 7.2 能根据情境与问题解决的需要灵活配合。

续表

		1 （不适当）	2	3 （最低要求）	4	5 （良好）	6	7 （优良）
反思能力	19. 质疑	1.1 没有质疑的意识。		3.1 有质疑的意识。 3.2 在他人的提醒下尝试重新思考。		5.1 初步有质疑的习惯。 5.2 能够通过回想、对比寻找更好的结果。		7.1 主动发现差异，针对问题重新思考更为正确的方式。 7.2 形成质疑的习惯。 7.3 会主动回顾整理，形成新的思路。
	20. 反思	1.1 比较糊涂，没有自我调整的意识。		3.1 愿意自我检查，有自我调整的意识。 3.2 缺乏策略，方法不一定有效。		5.1 有一些自我反思策略。 5.2 乐意接受他人的建议，做出修正。		7.1 主动寻求更好的建议，在原有基础上积极改进。 7.2 反复琢磨，不断修正，直到满意为止。
	21. 评价	1.1 不愿意参加评价活动。 1.2 不会评价。		3.1 有评价的意识，乐于进行简单的评价。 3.2 评价不够独立，比较依赖他人的评价。		5.1 能提出一些自己的思考与建议。 5.2 在帮助下能进行独立评价。		7.1 能独立评价，有自己的评价依据。 7.2 能主动、客观地评价。

图表法是通过追踪图、直方图、社交图形、饼图进行观察记录，可以根据不同的观察目标选择合适的记录方式。追踪图通常用于观察和记录个别幼儿或一群幼儿在某个指定区域内（如教室内、户外）、在一段时间内的活动；直方图通常用于对一群幼儿某项活动的能力做记录，或记录幼儿在某项活动上所花费的时间；饼图有时可以和直方图表示同样的内容，另外也可以用于时间抽样法。针对幼儿深度学习的评价，可以根据不同的观察目标／观察量表指标选择用不同的图形进行记录。社交图形用于观察并记录幼儿的社会性行为，将幼儿间的互动及同伴交往表现用图表方式展现出来，对于评价幼儿的深度学习，该图并不算适合，所以不做举例和赘述。

1. 幼儿深度学习观察追踪图

追踪图是一种简单有效的观察记录方式，可以结合逸事记录及观察量表使用，用来观察、记录幼儿的专注力、动作技能等方面的行为表现（见表 2-3 中的图）。

表 2-3 观察追踪表

观察者：	观察编号：
儿童姓名：	儿童年龄：
观察日期：	观察时间：
观察环境：	
观察目标：	

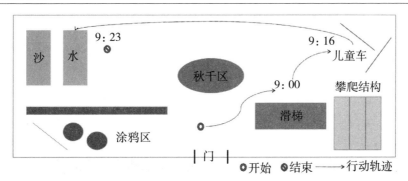

注：该图是预先按照环境设计好的，观察时只需要用不同的符号（自定）将幼儿的行动踪迹、停留时长、一些特别的问题记录下来即可。

续表

观察结论：

观察评价：(可结合量表做出具体的评价)

建议：

2. 幼儿深度学习观察直方图和饼图

直方图和饼图都是有效的观察记录方式，能够清楚地展现具体行为特征和活动情况，如用来记录群体幼儿完成一项任务的能力，或展现个别幼儿花在不同活动上的时间。通常来说，直方图和饼图都是在观察记录后，根据记录内容进行的汇总，二者都能够清楚地反映具体的活动情况，有效地呈现整体信息。除了追踪图，直方图和饼图也可以呈现时间/次数等信息。比如，想要观察幼儿在自由游戏过程中"协商""分工""配合"的具体情况，可以在记录后通过直方图或饼图展现出来。

需要注意的是，直方图和饼图并不都能相互替代，具体要看观察目标和内容。以下举例仅是提供一种情况说明（见表2-4中的图）。

表2-4 幼儿深度学习观察追踪表样例

观察者：	观察编号：
儿童姓名：	儿童年龄：
观察日期：	观察时间：上午10：30-11：10

观察环境：室内，幼儿自主选择游戏和活动。

观察目标：
观察、记录幼儿在自主游戏中表现出的合作能力，包括协商、分工和配合。

续表

观察记录：

10：30—10：38　自己找角色扮演服装，扮演医生。

10：38—10：50　邀请其他小伙伴扮演病人。

10：50—10：55　换下服装，到积木区进行建构活动。

10：55—11：10　邀请其他小朋友一起用积木搭建城堡，一起拿玩具小人进行城堡想象游戏。

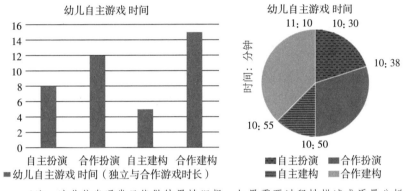

（注：这些信息通常只能做结果性汇报，如果需要过程性描述或质量分析，如关于"协商""分工"和"配合"的具体情况，还应当做出具体的描述性观察记录。）

观察结论：

观察评价：（可结合量表做出具体的评价）

建议：

（三）抽样法

抽样法可以分为时间抽样法、事件抽样法和快照法。事件抽样法的目标是记录下所有事件，可以记下事件发生前后的现象，判断事件发生的模式，通常用于对一些幼儿的消极行为做记录。快照法是对一定区域和时间段内的某个时刻发生的事进行抽样，通常用于观察、发现哪些区域幼儿更喜欢停留或哪些幼儿在一起玩。另外，也有时间抽样法。时间抽样法的对象可以是个别幼儿，也可以是群体幼儿，时间抽样法就是对被抽样幼儿在一段时间内的行为和语言进行的详细记录。针对个别幼儿的时间抽样法观察记录与叙事性观察不同，时间抽样法能够帮助我们关注"谁对谁说话""谁主动开始社交性互动""目标幼儿在什么情况下说话"及"目标幼儿在该项活动上是投入的还是频繁更换活动呢"。针对群体幼儿，在抽取的观察时间内，可以使用叙事性观察记录的方式，但不是真的一直连续不断地记录，而是通过该方法克服记录和观察同时兼顾的困难。时间抽样法可用于对幼儿深度学习的评价进行观察记录。

在使用时间抽样法的观察记录中，需要对幼儿编上代码。设定合适的代码能够节省许多记录时间，并能够提升记录的有效性。具体的时间阶段也是根据观察目标而来的（见表2-5）。

• 姓名代码：观察个别儿童时可用 TC（Target Child）代表目标幼儿，CI（Child Involved）代表参与幼儿。除了目标幼儿外，其余都是参与幼儿。观察群体幼儿时可用不同字母代表不同幼儿，如 Sam 用 S 做代码，A（Adult）代表成人。

• 活动代码：如 SP（Solitary Play）代表独自游戏，PP（Parallel Play）代表平行游戏，IP（Interactive Play）代表互动游戏。

表2-5 幼儿深度学习时间抽样观察表

观察者：	观察编号：
儿童姓名：（即使目标是个别幼儿，也要写上其他人）	**儿童年龄：** 4 岁 5 个月
观察日期：	观察环境：
观察目标： 如"观察目标儿童珊珊在与另一个年龄相近的幼儿玩积木时的合作能力"	
代码： TC＝珊珊；CI＝其他参与儿童；A＝成人；SP＝独自游戏；PP＝平行游戏；IP＝互动游戏	

续表

观察记录（个体幼儿）				
时间	活动	编码	语言	社会性
8：55	TC 自己在搭乐高，邀请 CI 和他一起搭城堡。	TC-CI	"我想要搭个大大的城堡，你要来跟我一起做吗？你可以帮我做个喷水池。"	IP
8：56	CI 拒绝了 TC，TC 自己继续搭城堡。	TC	CI 说："我想玩卡普乐积木，不想玩乐高。" TC 没有说话，自己继续搭积木。	PP
9：10	CI 拿着卡普乐积木到 TC 身边，和他一起用两种积木搭城堡。	TC-CI	CI 说："我们可以用这两种一起搭城堡呀。你看，用这个做个游乐场。"	IP

观察记录（群体幼儿）
代码：S＝珊珊；C＝可可；Q＝乔乔
10：20 （记录幼儿之间的具体语言和互动。）
10：25

观察结论：

观察评价：

建议：

（四）作品样本和成长档案袋

1. 作品样本

使用作品样本记录儿童的发展与成长是评估幼儿学习与发展的重要方式。幼儿作品照片、教师的相关评论等都能够反应幼儿在某个阶段的经历、记忆、想法和观点。对幼儿深度学习进行评价时可以将幼儿的作品样本与书面观察记录、评定量表等结合在一起，做出完整的观察报告，这有助于全面了解幼儿的学习结果和发展。

2. 成长档案袋

20 世纪 90 年代，档案袋法开始被广泛关注。档案袋法是对标准化测试运动的反思与升级，许多教育专家和学者普遍认同成长档案袋是收集、存储和记录幼儿相关信息的一种有效方式。对于既是过程又是结果的幼儿深度学习，成长档案袋内可以包涵丰富的材料。

（1）幼儿制作的材料，如幼儿作品样本，包括书写作品、作品照片、自画像、手工作品、视频、幼儿对话或访谈、清单等。

（2）教师制作的材料，如目标说明、目录、教师对幼儿作品的评价、教师的观察记录表等。

（3）其他人对幼儿的评价材料，如专家评价。

在选择放入成长档案袋的幼儿深度学习评价材料时应当注意以下问题。

- 材料要丰富、充足；
- 材料要能够展示幼儿的深度学习情况；
- 材料要能够帮助教师进行课程计划和评价；
- 材料应包含幼儿自己选择的内容；
- 材料应包含教师具体的观察与记录。

三、观察的技能与策略

1. 采用不同的媒体进行观察记录

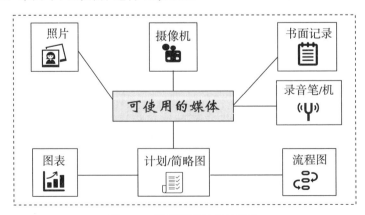

图 2-4 记录观察结果的媒介

2. 注意使用描述性语言进行客观描述

在观察记录时要使用描述性语言，而非解释性语言，以客观地反映被观察者的行为（见表2-6）

表2-6　观察记录用语的注意事项示例

避免解释性语言，尽量用描述性语言	
解释性语言（应当避免）	描述性语言（应当使用）
豆豆今天生小白的气了。	小白没有经过豆豆同意就拿走了豆豆带来的玩具，他对小白说："你应该要问我的!"
豆豆有点紧张。	豆豆咬着嘴唇，不停地搓着小手。
应当避免使用的词语或短语/应当使用的词语或短语	
这个幼儿爱……	他经常选择……
这个幼儿喜欢……	我观察到他……
这个幼儿喜爱……	我听到他说……
他在……花了很长时间	他用了10分钟做……
我认为……	他在自主游戏中……
似乎/也许	他说……

3. 尝试使用不同的记录策略

前文中介绍了不同种类的观察记录方法，应当根据观察目标和内容，选择合适的观察记录方法，有时可以结合不同的方法进行评价。

4. 做好观察计划

（1）什么时间开始记录？

与幼儿在一起时，通过不同的代码/代号进行简单的记录，事件结束后做好补充，在反思时继续完善信息。

（2）记录在哪里？

观察记录表是必须的，除此以为，纸、笔、便笺纸、笔记本、索引卡、活页夹也要准备好，如果需要用到其他媒体设备也应提前准备好。

（3）制作观察检核记录表

对于将要进行的观察要做好时间、地点、环境上的计划，确保观察有序进行，比如完成一次观察就打一个"√"，以免在多次观察后忘记。

5. 选择适当的记录方式

可以通过概要式记录和清单式记录两种方式进行记录。在观察时简要记录重要的关键信息，在观察后及时补充。另外，也可以像列清单一样将重点信息罗列出来，以提醒自己后续完善。

6. 在观察记录与评价之间建立有效联结

观察是为了科学、有效、系统地对一定的观察目标、内容和对象进行观察，应当将观察记录做得充分、完整，再结合相应的评价工具进行判断。

7. 进行总结和反思

对观察计划、实施和评价工作定期进行总结和反思，以求在后续的观察评价中调整和改善方式方法。

8. 发现自己的观察风格

思考哪些观察记录方式更适合自己，更容易把握和实施。可以准备观察日记，以记录自己在观察和记录时遇到的各种问题。

第三章

幼儿深度学习的量化评价

第一节 幼儿深度学习的量化评价概述

教育评价具有一定的过程性：明确评价问题，确定评价目的、对象和内容（如评价要素、权重、标准），决定信息收集和分析的方法，收集和分析信息，得出结论并提出修改意见，用一定方式反馈评价情况，依据建议采取措施，然后实行再评价。在这个过程中，信息收集和分析的方法有不同的类型。以是否采用数学方法为依据，可分为量化评价（也称定量评价）和质性评价（也称定性评价）。

量化评价和质性评价各有优缺点。量化评价的优点是逻辑性强、标准化以及精确化程度较高，能够对现象的因果关系提供更精准的分析，评价结果也更客观，但是影响教育对象和行为的变量有很多，因此从一定程度上看灵活性较低。相较之下，质性评价更尊重事实，能够对问题进行真实而全面的展示，通过评价者对评价对象的现象和本质意义的探究，能够更深一层地解释评价对象的行为，但是相对来说，这种方式的主观性更强，不能保证评价结果的客观性及科学性。事实上，质性评价是基于对量化评价的反思而出现的，在教育评价中二者相互补充、互相支持，且大多数时候质性评价中包含了量化评价。在质性评价为量化评价提供应用框架的同时，量化评价也为质性评价的深入创造了条件。由于教育是一种复杂的社会现象，不能单用一种方法评价教育现象和本质，因此二者相辅相成，成为教育评价的重要方式方法。幼儿深度学习强调既有结果也有过程，因此这两种方式对于幼儿深度学习的评价都极其重要。本章我们将重点探讨幼儿深度学习的量化评价，包括量化评价的定义与重要性以及量化数据的收集和分析方法。

一、幼儿深度学习的量化评价

量化评价方法是通过实证科学得来数据，它坚持经验证实原则、客观主义原则、方法中心原则、元分析原则、描述性与数量化以及还原论。因此，量化评价就是将评价内容转化为能够进行量化的数量，通过测量相关数据，以量化统计的方法来分析数据、得出结果，最终达到评价目的的一种方法。

幼儿深度学习的量化评价就是通过将幼儿深度学习的目标与特征转化为能够进行量化的数量，通过测量相关数据，以量化统计的方法来分析数据，从而评价幼儿深度学习的结果。

二、幼儿深度学习的量化数据收集

量化数据收集的方法主要包括调查法、测量法、实验法、观察法。基于幼儿深度学习既要过程又要结果的双重特性，测量法与观察法相结合是评价幼儿深度学习的主要方式，而调查法获取的相关信息也能为判断幼儿深度学习的过程和结果提供依据。

（一）调查法

调查法是基于科学方法论及教育评价理论，通过问卷、访谈、测验等途径，有目的、有计划、有系统地收集相关信息的评价方式。

调查法对于幼儿深度学习的评价有一定作用，尤其是经过设计的问卷和访谈能够为分析和判断幼儿深度学习的学习过程、品质与特征提供参考依据。

1. 测验法

测验法是根据一定的程序和标准为事物的属性和特征分配数值，是用一定的测量工具（如教育量表、心理测验题目、测试试卷及其他量表）向被评价者收集资料的一种方法。测验的优点是效率高，易于作定量处理，结果可信度较高，能够真实反映被评价者某方面的水平和能力。对深度学习的评价包括认知、情感、思维结构、知识深度等目标，其中认知、思维结构、知识深度都可以通过测验法进行判断和分析。但是，这种方式只能用于有能力做测验的大一些的儿童，对于6岁以下的幼儿并不合适。这一点，我们在前文已经有提及。

2. 问卷法

问卷法是使用经过设计的书面的调查或问题向被评价者收集信息的一种方法。对学习态度、动机、兴趣、需要等主观情况的评价都可以通过问卷法来进行，一些关于被评价者的客观基本情况也可以由此获得。按照回答方式划分，问卷可以分为封闭式问卷和开放式问卷两种。封闭式问卷是结构化的，开放式问卷是非结构化的。封闭式问卷可能包括选择题、等级排序题、量表式题目；开放式问卷通常只提出问题而不给出答案，比如填空、自由讨论等都属于这一种类。一般来说，问卷要求重点突出、结构科学、问题清晰、数量适当、易于分析处理。该方法取样方便，具有广泛性和效率高的特点，也比较容易做量化分析，但通常流于表面，受到许多因素的影响。

在幼儿深度学习的评价中，关于幼儿的学习动机、兴趣和态度是可以通过提问获得的，但这种提问不一定真实全面，还需要通过其他方式来比较观察，需要通过对真实情境中幼儿"当下"的表现做出分析，才能真正判断幼儿的相关信息。

3. 访谈法

访谈法是通过与被评价者进行交谈来获得信息的一种方法，包括结构性访谈和非结构性访谈、个别访谈和集体访谈、直接访谈和间接访谈。这种方法能够捕捉到深层问题，程序较为灵活。对幼儿进行访谈能够让我们了解其学习动机、兴趣和态度等关键信息，但和问卷法一样，它受诸多因素影响，并且可能会影响我们对幼儿学习过程的有效判断，并不能作为幼儿深度学习的主要评价方法。

（二）测量法

测量法是通过一定的测量工具对被评价者的知识、技能和能力及某些心理特征进行测量，从而获得评价信息的方法。如前文所提及的评定量表（见表2-2）就是一种重要的测量工具。通过构建幼儿深度习评价量表，并对相关维度进行等级划分，能够有效地反映幼儿在学习中是否发生了深度学习，发生深度学习的程度如何，以及幼儿深度学习的重要特征。构建幼儿深度学习指标体系现已成为幼儿深度学习研究的重要发展方向。需要再次强调的是，基于幼儿深度学习的过程性与结果性双重特征，量表的使用需要结合其他评价方式，比如有效的观察和记录，这样才能使评价结果更加真实、有效和全面。

（三）实验法

实验法是评价者通过科学实验的原理和方法研究教育现象和问题，并在这个过程中揭示教育活动规律的方法。根据幼儿深度学习评价的目标，这个方法并不适用，不多作赘述。

（四）观察法

观察法是对被评价者在自然状态下的特定行为与表现做出观察、描述、分析，获取当下事实材料的方法。观察法是进行幼儿深度学习评价最重要的方法，相关定义、特征、重要性等在上一章已经进行了阐述。

观察分为定量取向的观察和定性取向的观察。定量取向的观察是通过关注观察中的数据和数值关系来判断被评价者在一个群体中的相对位置或水平等。简单理解，定量取向的观察即关注有多少人、花费了多长时间、产生了多少变化等。而定性取向的观察通常是指基于观察提纲，对评价对象做全面系统的多方面记录，并在观察后基于一定的追溯性进行补充，从而得出非数字化形式的观察结果。基于第二章的分析，对幼儿深度学习的观察可以结合定量与定性两种方法，非参与或参与地开展有结构性的观察。而根据幼儿深度学习的特征，综合相关专家和学者的研究，我们认为，针对幼儿深度学习的量化评价主要是以评定量表的形式出现的，并结合其他评价方式进行综合评价。

三、幼儿深度学习的量化数据分析

处理和分析评价信息有多种方式，但主要是两大类：第一类是根据处理分析的功能，分为描述、解释和推断，是一种递进式的分类；第二类是从处理分析的方式方法角度，将处理方式分为定性分析和定量分析，是并列式的分类。在这里我们主要关注的是定量分析。

定量分析是通过使用数学模型、统计技术和数值数据，对信息进行系统化分析和解释的方法。定量分析具有客观性、精准性、深入性、广泛性、普及性和现代性等重要特点，包括对群体状态的综述、评价与选拔、通过样本推断整体、对可测特征的精确客观描述。对幼儿深度学习评价的定量分析，比如针对评价量表相关指标的分析，可参考以下步骤（见图 3-1）。

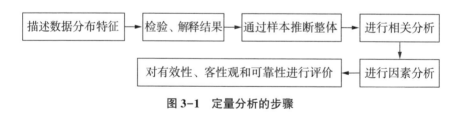

图 3-1　定量分析的步骤

四、对幼儿深度学习评价体系构建方法的思考

目前有一些研究提出了幼儿深度学习的评价指标体系，但都是基于教学实践和个人思考。我们认为，构建幼儿深度学习的评价指标体系除了要参考实践，更需要相关专家的征询确认。构建评价体系有不

同的研究方法，比如德尔菲法和层次分析法的结合。通过德尔菲法，我们可以筛选评价指标，再通过层次分析法确认权重，从而构建评价指标体系。这种结合对于幼儿深度学习评价体系的构建也是适用的。

1. 德尔菲法

德尔菲法（也称专家咨询法），是采用匿名方式广泛征求专家意见，并经过反复多次的信息交流和反馈修正，使专家的意见逐步趋向一致，最后根据专家共同的综合性意见，对评价对象做出评价的一种定性与定量相结合的评价方法。通过德尔菲法确认幼儿深度学习的评价指标体系具有科学性、严谨性、有效性。[①] 具体步骤为以下几步。

（1）第 1 步，设计意见征询表，要针对每一指标进行评价；

（2）第 2 步，选择专家，并请专家填写问卷表格；

（3）第 3 步，整理和反馈专家意见。针对专家填好交回的意见征询表进行整理、统计与分析，并将统计结果反馈给各位专家，继续第二轮意见征询；

（4）第 4 步，分析和反馈专家意见；

（5）重复上述第 3 步，再对第二轮征询意见中各指标权重值进行计算与分析，反馈给各位专家，直至各位专家对某一指标或某些指标的权重值看法趋向一致。本研究经过两轮专家咨询，在专家成员意见基本达成一致的情况下，最终确认了幼儿深度学习的评价指标体系与相关评价方法。

2. 层次分析法（Analytic Hierarchy Process，AHP）

层次分析法是在 20 世纪 70 年代由美国运筹学学家托马斯·萨蒂（Thomoas L. Satty）提出的，指的是将决策问题的相关元素分解成目标、准则、方案等层次，在此基础上进行定性分析和定量分析的一种决策方法。通过层次分析法，我们可以计算幼儿深度学习评价指标体

---

① 王蓉. 德尔菲法下幼儿发展性评价指标的修订与实践 [J]. 宁波教育学院学报，2020，22（1）：118-121.

系各指标的权重，即通过构建层次分析模型，以确定每个评价指标在整个体系中的权重值①。具体步骤如下。

步骤 1：构建评价指标体系

在幼儿深度学习理论模型的基础上，通过前期文献研究以及相关幼儿学习评价量表与工具研究，建立以幼儿深度学习目标为核心的三级评价指标体系，形成多层次的递阶层分析结构模型。

步骤 2：构建判断矩阵

邀请相关领域专家对指标进行两两比较，并将判断结果用适当的标尺数值表示出来，从而构建幼儿深度学习评价的一级指标、二级指标和三级指标判断矩阵。对每个判断矩阵进行层次单排序及一致性检验，以确保判断的一致性和科学性。

步骤 3：进行层次总排序

在单层次排序的基础上进行层次总排序及一致性检验，确定各因素相对于总目标的相对重要性的权重值，并以此为基础排列出各项指标的重要程度。这一步骤的目的是通过综合分析各级指标，得出整体评价结果。

对幼儿深度学习的评价是需要在实际的教与学过程中进行分析和判断的，因此，需要回到教学活动或区域活动中进行讨论。这也是本章后面的重点内容。

第二节　教学活动中幼儿深度学习的量化评价

教学活动中的深度学习评价是有目的、有计划地收集幼儿深度学习的各方面（思维认知、学习能力、情感态度等）的证据，从证据中了解幼儿深度学习的状况，并调整和改进课程与教学计划，选择恰当

---

① 赵园园. 基于 AHP-模糊综合评判的幼儿发展评价系统的设计与实现 [D]. 济南：山东大学，2015.

的教学方式与手段，使教学活动更有利于幼儿发展的过程。[①] 有计划的
教学活动对幼儿的深度学习有着重要的引领意义，教师能够通过图画
书等形式营造主题活动的场景，将幼儿带入具有挑战性和趣味性的情
境中，让幼儿发现问题，产生兴趣，展开探究，引导幼儿联系生活经
验，在集体氛围中系统地建构知识经验，并为幼儿在生活和游戏中对
知识进行拓展和应用奠定良好基础。[②]

一、教学活动中幼儿深度学习量化评价的特征

（一）评价目的的发展性

在教学活动中进行深度学习量化评价不是为了对幼儿进行精确分
层，不是进行计分考核，而是用精细化的评价方式对教学活动中幼儿
的深度学习情况进行科学诊断，结合深度学习的各维度对幼儿不同侧
面的深度学习进行全面客观地了解，帮助教师及时了解幼儿在教学活
动中的学习状态，对教学活动进行有针对性的完善。在量化评价中，
教师收集客观的幼儿深度学习信息，再对幼儿进行具体反馈，这也是
尊重幼儿个体发展差异性的表现。在量化评价中，教师也在用发展的
眼光发现幼儿、理解幼儿，最终形成幼儿深度学习支持系统的良性
循环。

（二）评价内容的整合性

教学活动在促进幼儿深度学习中的引领属性要求教学活动中的幼
儿深度学习评价内容不应局限于固定知识的获取，还应关注幼儿在活
动中自主、自由、自然的操作过程、思维过程和情感发展过程，因此
教学活动中幼儿深度学习的量化评价指标应该整合幼儿的思维认知发

---

① 吴宏．小学数学深度教学研究 ［D］．武汉：华中师范大学，2018.
② 叶平枝，等．幼儿深度学习课程设计与实施 ［M］．北京：教育科学出版社，2022.

展、学习能力、情感态度等评价内容。除此之外，幼儿园的教学活动是丰富而多元的，教学活动的评价内容应密切结合主题情境，呼应相关领域的核心经验，随着教育过程的开展而灵活调整，并结合幼儿深度学习在具体活动中的特征与活动目标明确教学活动中幼儿深度学习的表现，确定全面多元的评价维度。

（三）评价方法的情境性

观察是在幼儿园开展量化评价的基本方式，教学活动中幼儿深度学习的量化评价需要教师运用观察法客观记录幼儿的原始行为表现。观察和记录是量化评价的基础，教师通过持续地观察和记录幼儿的行为表现，为评价幼儿提供有效材料。教师需深入到教学活动的真实情境中，围绕相关评价指标进行自然观察，在收集幼儿表现信息的环节中，要聚焦幼儿表现中最原始的状态，捕捉幼儿的语言、表情、动作等进行记录。记录时要避免主观描述，以幼儿的实际表现为准，最好能够呈现真实的活动情境，客观描述幼儿学习与发展上的行为表现，为幼儿深度学习量化评价提供真实可靠的依据。

二、教学活动中幼儿深度学习量化评价的实践——以幼儿园图画书教学为例

选择适宜的评估工具：基于 SOLO 分类学的幼儿深度学习评价工具

高质量的量化评价离不开科学的评价工具，教师需要将幼儿园教学活动中关于幼儿深度学习的内隐的评价目标转化为外显的行为表现，以此为依据来获得幼儿在教学活动中深度学习的证据。幼儿园教学活动具有情境性、开放性和复杂性的特点，幼儿在教学活动中的学习表现常常具有复杂的技能、丰富的表达和创造性问题的解决等表现，同

时具有丰富的层次性，因此对幼儿在教学活动中的深度学习进行量化评价首先需要进行分项评分，即将要评价的幼儿学习表现分解成几个要素或维度，对它们分别做出评价，对每一项要素进行单独评分[1]；其次需要在尽量真实的情境中，运用具有操作性的分项评分规则对幼儿的学习过程、学习表现或学习结果做出判断[2]，形成系统的评价工具。

幼儿在教学活动中的深度学习成果具有复杂性，在进行量化评价时需要教师从不同维度评价幼儿的表现，并就每个要素进行评分。具体的评分细则可以针对构成任务行为或成果的每个重要细节进行判断，对不同等级的表现或特征加以描述，使量化评价的标准更加清晰。因此教学活动中幼儿深度学习的量化评价工具应基于幼儿学习表现中所蕴含的深浅差异，结合教学活动的目标与内容在相应层次进行假设与划分。

本书尝试基于 SOLO 分类学并结合具体教学活动情境来制定相应的评分体系，对教学活动中幼儿的深度学习进行评价。SOLO 分类学即"可观察的学习成果结构（structure of the observed learning outcome）"，英文缩写为 SOLO[3]，是比格斯在皮亚杰的认知发展阶段论基础上提出来的。该理论认为，个体总体的认知结构在学习情境中是不可预测的，但个体在具体学习情境中回答问题时表现出来的思维结构是可以检测的。因此，基于 SOLO 分类学的评价方式以学习结果为抓手，关注学习者在实际问题解决中表现出的"实然"的思维结构，即对学习者解决任务或回答问题的结果进行结构化分类，进而区分出不同水平的学习质量，教师可以通过分析幼儿对问题或任务的反应在思维结

---

① 周文叶. 中小学表现性评价的理论与技术 ［M］. 上海：华东师范大学出版社，2014.

② 同①。

③ 彼格斯，科利斯. 学习质量评价：SOLO 分类理论：可观察的学习成果结构 ［M］. 高凌飚，张洪岩，译. 北京：人民教育出版社，2010.

构上的复杂性，来判断其所处学习水平的深浅，也能满足在教学活动中评价幼儿深度学习高阶思维能力的需求。总体而言，SOLO 分类学将学习者的学习分成前结构、单点结构、多点结构、关联结构、抽象扩展结构这从低至高的五个层次①。SOLO 分类学各层次具体内涵见表 3-1。②

表 3-1 SOLO 分类学下各水平思维的特点

SOLO 水平	思维特点
前结构水平 （无理解）	没有任何理解。
单点结构水平 （浅层理解）	基于单一事件孤立地理解概念；只能解释单一概念与单一事件的联系；基于新知识原本呈现状态的无变化复述。
多点结构水平 （较浅理解）	理解多个相互孤立的事件，可以同时理解基于一个事件的多个概念；概念间的关系以事件或问题为单位，不超越事件；用孤立的若干概念解决一个问题。
关联结构水平 （较深理解）	多个事件间形成关联，新知识在其结构内部形成复杂的有机结构；在新知识情境的基础上，解决新知识体系内部可以解释的一致性问题。
抽象扩展结构水平 （深理解）	在理解的基础上利用新知识进行推断、演绎和归纳，形成新旧知识的有机体系，得出新知识体系之外的结论，解决与新知识所呈现的内容不一致的问题。

已有研究普遍认为，SOLO 层级水平越高，所学的内容就越为整合，也就越有意义③。具体而言，SOLO 层级中的前三个层级只反映出

① 曲建忠，邢丽荣. 促进大学生深度学习的评价体系研究［J］. 长春工程学院学报（社会科学版），2017，18（1）：106-109.
② 同①。
③ 殷常鸿，张义兵，高伟，等."皮亚杰—比格斯"深度学习评价模型构建［J］. 电化教育研究，2019，40（7）：13-20.

学习者知识数量上的变化与简单的认知操作，处于浅层学习水平；而后两个层级表现出了学习者对知识内容的整合、分析、批判、应用等复杂的认知活动，达到了深度学习的水平。

接下来请你们尝试在幼儿园图画书教学的情境中具体说明如何基于 SOLO 分类学对幼儿的深度学习进行量化评价。首先，需要结合图画书教学中幼儿深度学习的特点形成具体的评价标准（见表 3-2）。

表 3-2　基于 SOLO 分类学的图画书教学中幼儿深度学习评分标准①

SOLO 水平	幼儿在图画书教学活动中的表现			
	内容理解	情感浸入与共情	经验融合与迁移	自主创造性想象与表达
前结构水平（无理解）	没有任何理解，或理解与图画书无关。	幼儿无情绪表现，或情绪与活动无关。	无任何融合与迁移表现。	不表现或表现与任务主题无关。
单点结构水平（浅层理解）	只能理解图画书中的单一事件片段或其中的单一概念，基于单一事件片段孤立地理解陌生概念；只能解释单一概念与单一事件的联系。	基于文本记忆或独立的故事片段感受单一的情绪情感。	幼儿的表现基于图画书中的单一线索或信息点；幼儿的表现是基于新经验呈现状态的无变化还原复述。	幼儿的表现单一，重复性强，或单纯模仿教师或同伴。

---

① SOLO 是比格斯基于多学科研究归纳出来的一般性理解模型，在具体应用到不同学科情境中时，要对理解的表征进行具体化。首先，研究者将结合具体的教学目标以及教学过程中教师提出的关键教学任务来相对划分出包括内容理解、情感浸入与共鸣、经验交融与迁移、自主创造性表现四大类型的学习任务，并分析对应任务下幼儿的学习成果，具体包括幼儿对教师提出的问题的回答以及相应的教学任务下的操作成果，如绘画或手工作品、表演、游戏表现等，每一学习成果都将依据评分标准获得相应的分数，具体评分标准见表 3-2。

续表

SOLO 水平	幼儿在图画书教学活动中的表现			
	内容理解	情感浸入与共情	经验融合与迁移	自主创造性想象与表达
多点结构水平（较浅理解）	能以独立的事件片段为单位理解图画书，理解片段中的多个信息点，但是不清楚几个片段之间的关系，回答时信息点分散，缺乏对图画书的整体性理解。	基于文本记忆体现情感，但没有结合自身体验的情感表达。	幼儿的表现基于图画书的多个独立线索或信息点，较少自身生活经验的表达，尝试用孤立的信息解决问题。	幼儿的表现基本来源于图画书内容本身，创造性表现较少。
关联结构水平（较深理解）	将图画书中的信息联系起来思考问题，整体性地理解图画书，理解图画书中多角色的活动动机以及相应的后果与反馈。	能在理解文本的基础上结合自身经验体会图画书角色的情绪。	能充分联系自己的生活经验，尝试综合运用经验分析解决与图画书情境相关度较高的新问题。	结合自身的生活经验尝试进行简单的创造性想象与表现。
抽象扩展结构水平（深理解）	在理解的基础上利用新经验进行推断、演绎和归纳，得出图画书情境之外的结论，理解图画书基本内容与课程目标指向下的故事内核。	结合自身相关体验，与图画书角色产生情感共鸣。	图画书经验与生活经验形成有机体系，能在理解图画书基本内容的基础上，顺利激活与迁移相关的生活经验，分析解决与图画书情境相关度较低的问题。	进行不局限于图画书情境的创造性表现。

　　评价标准明确之后，需要结合教学目标与教学内容进一步划分教学活动中幼儿的学习任务，并对幼儿在活动过程中的学习表现与学习成果进行评价。比如在《小年兽》的图画书教学中，教师可以将教学

活动的学习任务与幼儿表现进行划分，并将幼儿的回应——对应（见表3-3）。

表3-3　基于 SOLO 分类学的幼儿深度学习评分实例[①]

SOLO 水平	评分标准	示例
等级1： 前结构 （0分）	回答和表现与图画书无关或没有回应。	不理解学习任务或理解错误，回避问题或回答、表现等跳脱于图画书之外。
等级2： 单点结构 （1分）	回答和表现与图画书的关系浮于表面，或者单纯模仿同伴或教师，只能体现出与图画书相关的少部分信息点。	——画面上是什么？ 幼儿只能根据图画书说出1—2个与图画书相关的词语或句子："年兽。""小怪兽。"
等级3： 多点结构 （2分）	涉及图画书较多的信息点，但是不清楚几个元素之间的关系，没有自身生活经验与情感的表达。	——我们可以怎么赶走"年"？ 幼儿根据画面，零散回答出几个要素，说不出几个要点之间的关系"穿上火衣服。""放鞭炮。""年糕。"
等级4： 关联结构 （3分）	幼儿的回答或表现能将图画书中的信息点联系起来思考问题，初步联系自己的生活经验，尝试综合运用自己的经验，产生共情。	——书上说"很多人甚至忘了这个小怪兽"，这是为什么呢？ 幼儿答："因为我们过年的时候会放鞭炮，而且爸爸妈妈经常给我穿红色的衣服，年兽怕红色，我们很热闹地在一起玩。"
等级5： 抽象拓展结构 （4分）	在理解图画书基本内容的基础上，结合自身经验以其中的角色自居，与角色产生情感共鸣，能解决相关问题并迁移经验。	——我们可以怎么赶跑年兽？怎么让年兽不吃我们？ 幼儿能够结合内容进行推断，如："我们可以放鞭炮，一起吃年夜饭，一起送祝福，这样年兽就吃不了落单的人，热热闹闹的，我们就不孤单了，这样就可以赶走年！""准备让年兽能吃饱的东西，比如年糕、饺子，这样年兽就不会吃我们了。"

[①] 此处呈现的示例源于作者在幼儿园图画书教学活动中观察到的真实案例，图画书为熊亮著、绘的《小年兽》。为了凸显特定理解水平，研究者结合比格斯的 SOLO 水平对部分内容进行了润色。示例内容供参考。

第三节 区域活动中的深度学习评价

在游戏化教学的大背景下，传统的集体教学模式失去了原有的活力，慢慢地出现了一些以玩代教、寓教于乐的学习方式，而通过区域活动进行学习的模式也逐渐成为主流。区域活动是指教师提供一定的活动空间及游戏材料，创设可供幼儿自由探索的环境，以达成特定教育目标的自主性学习活动①。其中，常见的区域有生活区、科学区、益智区、建构区、语言区、音乐表演区、角色游戏区等，区域的划分是相对的，可以根据实际需要灵活地进行调整，但是各个区域之间又是相互渗透、相互整合的有机整体，不可分割②。

在当下日新月异和知识爆炸的时代，未来的一切都是不可预知、无比复杂的，我们应该紧跟时代的步伐，以新的思路进行教学，培养出可以更好地适应这个新时代的儿童。深度学习强调为迁移和理解而学，注重发展幼儿的社会能力，培养幼儿的问题解决能力，帮助幼儿养成积极主动思考问题的能力，这些能力都是适应未来社会生活的关键技能，对于幼儿的终身发展具有重要作用。区域活动有"拆除藩篱"之意，是一种更加开放、自由的学习方式③。在区域活动中，幼儿自主地选择区域，并在游戏的过程中产生疑问，然后运用现有的知识经验积极主动地探索与寻求答案。《3—6 岁儿童学习与发展指南》强调，教师要最大限度地支持和满足幼儿通过直接感知、实际操作和亲身体验获取经验的需要，而区域活动具有较强的自主表现性、创造操作性、综合实践性、互动合作性，可以为幼儿提供一个实践操作、感知体验与合作探索的平台，是幼儿获得直接经验和感性知识的重要来源，也

---

① 霍力岩，孙冬梅. 幼儿园课程开发与教师专业发展：比较研究的视角［M］. 北京：教育科学出版社，2006.

② 李生兰. 活动区教育的现状及对策［J］. 学前教育研究，1996，（2）：34-36.

③ 黄进. 幼儿园区域活动的来源与挑战［J］. 学前教育研究，2014（10）：31-35，42.

为幼儿的深度学习创造了良好的现实条件。

最早证实"幼儿能够在区域活动中进行深度学习"这一论点的是冯晓霞教授，她通过"五月的风"案例，为我们提供了现实的参考与借鉴，也将之后幼儿深度学习的相关研究拓展到了新的领域。那么，我们到底应该如何判断在区域活动中，幼儿是否进行深度学习了呢？从当前国内外的研究中发现，目前尚未制定出用于评价幼儿深度学习的较为成熟的、权威的观察量表，尤其是对区域活动的评价更是凤毛麟角。因此，在愈来愈重视培养幼儿深度学习能力以及区域活动重要性日渐凸显的今天，我们迫切需要制定出更加具有操作性和科学性的幼儿深度学习观察量表。

深度学习聚焦于学习者高阶思维能力的发展，着重强调了学习者的理解与批判、联想与建构、迁移与应用的能力[1]。通过文献梳理我们发现，幼儿深度学习的具体特征主要包括以下五个方面：（1）高投入度的主动学习；（2）联系迁移的意义学习；（3）注重反思的批判学习；（4）协同伙伴的合作学习；（5）多样创新的发现学习。**第一**，幼儿在学习中的投入程度及学习的主动程度是判断幼儿是否进行深度学习的重要依据之一。处于深度学习状态的幼儿能够时刻保持好奇心，学习的内在动机强烈，能够专注、主动地投入幼儿园的各种活动，而且在活动中目标明确，不容易受到周围环境或他人的影响。**第二**，幼儿的学习必须是一种可以"举一反三"的有意义的学习，判断幼儿是否进行深度学习的一个重要依据是幼儿能否将所学新知识与原有知识相联系，并运用到实际的日常生活情境中。倘若教师一味地对幼儿施加教育，而幼儿并没有真正地理解知识，则无法真正做到学以致用。幼儿的学习发生在他们主动探索事物、思考问题时，他们会积极地从生活经验中寻求答案以解决问题，在教师的指导下还可以进行联想学

---

① 张浩，吴秀娟. 深度学习的内涵及认知理论基础探析［J］. 中国电化教育，2012（10）：7-11，21.

习，由此及彼、举一反三，最终融会贯通。**第三**，幼儿的学习必须以反思为中介，深度学习十分强调批判性思维、过程性反思和学习评价的重要性，具体表现为：幼儿能够在遇到困难时进行批判性反思，从多个角度综合分析自己失败的原因，积极地寻找解决方法；幼儿在活动中发现问题的意识和解决问题的意愿较强，能够提出多种解决问题的猜想，并通过反复实践进行验证；幼儿可以在活动结束后对整个活动的过程进行回顾，认识到自己的进步与不足，并提出对下次活动的改进建议；**第四**，深度学习重视幼儿与他人的互动关系，幼儿之间的沟通、交流有利于营造友好的人际氛围，让幼儿在活动中不惧失败，大胆地探索与尝试。在产生意见分歧时，同伴间的沟通协商也很有必要，有利于化解矛盾冲突，推进活动的进程。此外，同伴之间通过合作完成共同的目标可以促进彼此之间形成更加深刻的理解，也能在这个过程中学习如何与他人相处，获得交往技能，提高社会交往能力。

第五，在素质教育的大背景下，培养学生的创新能力和创造力成为教育的一项重要任务。深度学习能力强的幼儿具有敏锐的察觉力，他们总能在生活、学习、游戏中产生与他人不同的想法，甚至那些看似荒诞的想法背后也隐含着幼儿的深度思考，他们敢于提出自己的质疑，能够从多个角度全面地分析问题，善于独立思考。

从特征上看，深度学习不是一蹴而就的，它是一个持续且深入的学习过程。因此，在对深度学习进行观察时，必须着眼于区域活动的全过程，将评价贯穿始终。同时，评价不仅需要关注具体行为带来的显性效果，更应该注重它所带来的隐性影响，如幼儿的情感、创新能力、高阶思维能力等的发展。结合区域活动的过程性特点，可以将区域活动中幼儿深度学习的评价维度概括为以下四个方面的内容：活动选择、活动状态、活动方式、活动反思。同时，结合幼儿的发展水平与区域活动的特点，确定区域活动中幼儿深度学习的具体特征，采用7分计分制编制区域活动中幼儿深度学习评价量表（见表3-4），并给出具体的操作性定义，为分析区域活动中幼儿深度学习的行为表现提供依据。

其中，在活动选择上，包括目标明确、步骤有序两个关键特征。在活动状态上，应具备积极主动、专注投入的游戏精神。在活动方式上，强调幼儿的联系迁移、批判创新、互动启发能力的培养与提升。在活动反思上，需要做到合理评价、清晰回顾，这些都是在区域活动情境之下幼儿进行深度学习的重要特征，具体内容如下。

一、活动选择

（一）目标明确

设立目标既是走向成功的第一步，也是成功的保证，在幼儿园区域活动中也是如此。活动目标是贯穿整个区域活动过程的主线，目标选择的好坏会影响幼儿的学习兴趣、游戏热情和投入程度。如果幼儿只是盲目、随意地进行探索，就很容易出现一些偏离探究主题的行为，甚至出现半途而废、不了了之的情况，那么活动将很难持续下去，不利于幼儿学习品质的发展与积极体验的产生。因此，在正式开始区域活动之前，目标设立得越清晰明确，幼儿就越容易进入深度学习的状态。

在活动目标的确立上，教师应该在尊重幼儿兴趣的基础上对区域活动的主题做出一定的预测，但具体主题交由幼儿决定。在生成区域活动主题的同时，教师需要对主题的游戏价值进行综合分析，包括幼儿在该主题上所积累的现有经验、该主题内容与幼儿生活的关联度、幼儿能在该主题中获得的有益经验、在实施该主题的过程中可能遇到的问题及解决这些问题所需要的关键技巧等，并对主题进行适当地调整，协助幼儿生成有价值的区域活动主题，增强游戏的目的性。

（二）步骤有序

幼儿的年龄较小、自控力较差，他们的注意力也比较容易分散。

毫无计划性的幼儿容易在活动过程中消极等待，从而变得消极被动、无所事事。为了更好地完成预定的目标，幼儿需要制订明确可行的活动计划，以明晰自己的活动任务及过程思路，具体内容大致包括以下几个方面：选择同伴进行小组合作并明确各成员的分工，计划活动的内容与过程，讨论使用的材料数量和种类等。

在制订活动计划时，教师可以鼓励幼儿用他们看得懂的图画或符号将计划记录下来，让幼儿的经验和思考通过计划的方式展现出来，以此支持幼儿的学习。此外，有一定难度的活动内容能激发幼儿探索的欲望，提高其学习兴趣，所以教师在帮助幼儿表征计划的同时也应该引导幼儿设计分层递进、难度适中的建构内容，使区域活动变得更有意义。

二、活动状态

（一）积极主动

积极主动的操作和探索是幼儿深度学习的重要特征。幼儿是天生的探索家、发现家，当他们对一个主题感兴趣时，就会积极主动地投入活动，克服种种困难，最终获得成功。

在区域活动中，教师的积极评价能提高幼儿对游戏的兴趣，从而促使他们更积极地参与游戏。因此，**首先**，在区域活动中，教师应该将评价贯穿于游戏的全过程，多采用正面、积极的评价，让幼儿获得积极的情绪体验，推动游戏的发展。**其次**，当幼儿遇到难题时，教师要鼓励幼儿开动脑筋，思考问题的解决办法，并反复动手尝试，要给予幼儿信心并包容幼儿各种奇特的想法，让幼儿在失败中总结经验。**最后**，在游戏中，教师要给幼儿营造轻松愉快的游戏环境，让他们可以尽情地表达自己的观点，要学会倾听幼儿的想法和困惑，使幼儿感觉到"老师喜欢我""老师对我的作品很感兴趣"，从而获得积极的情感体验并创造性地进行活动。在活动中，教师还应该重视与幼儿的互动，密切关注幼儿的游戏进程及状态，了解并回应幼儿的需要，及时表扬幼儿的进步。

（二）专注投入

处于深度学习中的幼儿，在活动过程中较少因为他人或外界的影响而转移注意力，他们会全神贯注地关注自己当下的活动，活动持续时间一般能够保持在 10 分钟及以上。他们能细心地发现活动中容易被忽略的细节，也能敏锐地发现活动中存在的问题，并予以解决。同时他们也能充分利用各类区域资源进行主动且持续的探索。

一方面，幼儿由于年龄较小，游戏的坚持性和专注度相对欠缺，加上区域活动耗时较长，只有保证充足的活动时间，幼儿才能持续深入地游戏，因此，教师应该为幼儿提供充足的游戏时间（例如，将游戏的前期准备工作安排在过渡环节进行，减少复杂程序），使幼儿完全投入其中，保证活动质量及让幼儿感受活动的乐趣。同时，在游戏快结束时，教师可以适当地提前通知孩子们剩下的游戏时间（例如，游戏结束前 10 分钟提醒幼儿注意把握时间或播放过渡环节音乐），提醒幼儿及时调整自己的行为。教师也应该时刻关注游戏过程中幼儿的表现，适时跟进和把握幼儿的探究进程，并据此调节游戏的时间。如在游戏快结束时幼儿仍表现出持久探究的倾向，这时教师可以适当延长游戏时间，以确保游戏的完整性和深入性。

另一方面，幼儿能否在区域活动中持续专注，很大程度上也取决于教师能否智慧地投放材料。教师投放材料时要注意以下几点。**第一，材料的多样性**：要投放种类多样、颜色多变、大小不一和材质不同的材料，使幼儿充分认识材料的特性、用途及搭配方式，让幼儿能够在游戏中熟练地选择与使用这些材料。**第二，材料的开放性**：要尽量选择可塑性强、玩法多样、操作性强的低结构材料，因为它们与孩子的实际生活紧密相连，可以让孩子们获得丰富的实际操作体验，并能充分发挥他们的想象力和创造力，从而在探索和求新的过程中实现深度学习。**第三**，材料的层次性：要选择符合本班幼儿年龄特点和发展水平的材料，有目的地投放难度适中的游戏材料。**第四**，材料的动态性：教师应该根据幼儿需求的改变及时地调整材料，适当地增添或替换掉部分材料，确保游戏具有一定的操作难度。此外，教师还要为幼儿提供一些辅助材料，以更好地支持幼儿的各种想法，让游戏更加完整。

三、活动方式

（一）联系迁移

经验积累与现实应用相联系最重要的环节就是迁移，联系迁移是幼儿解决问题的关键能力。现实生活中，我们遇到的问题往往需要整合多领域的经验才能解决，尤其是新旧知识产生的冲突、已学知识与实际应用场景之间的转换关系都需要幼儿进行深入的思考。学习能力强的幼儿在遇到问题时能快速、准确地调用自己已有的经验，对旧经验进行改造，使其与当前的情境相吻合，且提出的内容具有一定的挑战性、复杂性，与周/月主题或教学活动有一定的联系。

幼儿的活动过程多为幼儿生活经验的再现、总结或创造，与幼儿已有的经验储备密切相关。幼儿通过对日常经验的加工和综合构建起自己的认知结构，并以游戏的形式表现出来。而幼儿的认识和生活体验有一定的局限性，教师应采取各种方式来拓展和充实他们的情感体验（如投放相关主题的图画书），从而使他们的联系迁移能力得到发展，帮助幼儿养成留心观察周围事物的习惯。幼儿对区域活动的设想主要来自他们对周边实际事物的直接观察，幼儿积累的相关感性经验越多，就越容易在相似的情境中调取相关信息，丰富其游戏行为。

（二）批判创新

深度学习非常注重对幼儿批判性思维能力的培养，具备批判性思维能力的幼儿能够主动地发现自己与同伴行为之间的差异，能够敏锐地发现问题，能够在自身行为的基础上借鉴他人的优点，取长补短，及时地调整自己的游戏行为，丰富和改善自己的活动，提高游戏质量。同时，深度学习中的幼儿在遇到问题时能独立思考，提出符合客观规律且具有一定创新性的假设，解决问题的方法灵活多样且富有成效。

在区域活动中，教师要持续对幼儿保持关注，客观地解读幼儿的游戏行为，判断幼儿需要哪些支持，明确最佳的指导时机及指导方式。其中，指导时机主要分为以下三种情况：（1）当幼儿出现困惑、游戏停滞不前时；（2）当幼儿重复动作、游戏难以延续时；（3）当幼儿无所事事、注意力分散时。针对上述情况，教师可以灵活采用平行游戏、询问、示范、协商等多种方式进行指导，或通过扮演情境中的角色参与到幼儿的游戏中去，拓展幼儿的游戏。教师的指导要持续而深入，有及时的追问和反馈，但同时也要注意指导不宜过度，指导见效时就应该及时退出，给予幼儿更多的自主性。此外，教师要适当地为幼儿提供学习支架，帮助幼儿拓宽思路、批判性思考、全面看待问题。**第一**，立足于幼儿已有的经验提出具有一定挑战性但又在最近发展区内的生活化问题，帮助幼儿在现有认知中找到新知识的生长点，进行新旧知识间的碰撞与整合，推动幼儿从多个角度深入思考，创造性地解决问题，提升自我效能感。**第二**，教师可以让幼儿对比自己与同伴之间行为的不同，使幼儿产生认知冲突，为下一次区域活动提供新的思路。**第三**，发散出与活动主题相关的子主题或拓展幼儿活动过程中的某一有意义细节，丰富幼儿的活动内容，并使这些相关主题在幼儿的头脑中形成体系。

（三）互动启发

游戏中的幼儿是相互影响的，友爱互助的幼幼关系对游戏的顺利开展具有重要影响。在区域活动中，幼儿之间的想法、经验和需求不尽相同，他们可以在游戏过程中通过交流合作进行思想上的碰撞，发现解决问题的更多可能性。同时，随着年龄的增长，幼儿游戏的难度、复杂性逐渐加大，与同伴合作交往的需要也越来越多。处于深度学习中的幼儿能够主动提议合作游戏，表现出了较强的组织协调能力。当同伴之间意见不一致时，能够耐心地倾听对方的想法，并通过交流、讨论达成一致。并且，活动中每个人的角色和任务明确，分工合理，可以根据实际情况进行灵活调整，配合默契。

教师应鼓励幼儿之间协商互助、团队合作，助推幼儿深度学习的发生。**首先**，教师可以针对某个问题让幼儿集思广益、各抒己见，发挥全体团队成员的力量。在这个过程中，幼儿可以逐步理解同伴的想法和做法，学习换位思考、深入分析，同时通过自我表达及他人分享自己的经验和看法，使区域活动成为一个凝聚思想的过程，建立学习共同体。**其次**，教师可以引导幼儿在活动过程中观察同伴，发现同伴异于自身的操作，从中得到启发以修正自己的作品，深化对当前经验的理解。**再次**，教师应该给予幼儿自由选择同伴、自由表达想法的机会，让幼儿在区域活动过程中主动与同伴讨论交流、相互学习，提高活动效率。**最后**，幼儿的个体差异可能导致幼儿之间起冲突、闹矛盾，这时往往是让幼儿发现新知识的契机，所以教师不要急于出手，而是要进行观察，挖掘发生冲突的真正原因，了解其中隐藏的教育价值，鼓励幼儿通过协商解决问题。也可以在语言区投放与同伴交往相关的图书，提升幼儿的交往技能。

四、活动反思

（一）客观评价

活动评价是区域活动中不可或缺的部分，只有通过评价不断地总结和反思，才能将活动推向新的高度。通过评价，幼儿能够反思自己在活动过程中产生的问题及解决对策，从中发现自己的进步与不足。评价主要有两种方式：第一种是幼儿自评，学习能力强的幼儿能够独立进行评价，且分析得有理有据、客观合理；第二种是教师评价，一般适用于学习能力稍弱的幼儿，他们需要在教师的引导下才能进行相对准确的评价。

评价是对游戏的总结和提升，能够为幼儿提供具有反思性的后续支持，教师应该给予重视。在评价主体上，应该形成多方评价主体，根据多方反馈提升游戏质量。（1）幼儿自评：幼儿是区域活动的主体，也是评价的主体，他们通过分享自己的游戏过程、反思自己的游戏行为，发现游戏中哪些地方做得好、哪些地方需要改进，并思考改进的方法。（2）同伴互评：同伴之间的水平虽相差不多，但想法却千差万别，同伴互评的方式可以让幼儿之间互相学习，提高他们的问题解决能力。（3）教师评价：教师既是儿童游戏的组织者、观察者和指导者，又是儿童游戏的见证人。因此，教师首先应该在幼儿的区域活动中随时拍照，记录游戏的精彩瞬间，随手记录下自己与幼儿的对话，并将他们的思想和理解记录下来；其次，教师要引导幼儿自己进行游戏记录，包括前期计划制订、活动过程记录、问题发现记录等，鼓励幼儿与同伴分享，使他们更充分地认识自己的游戏行为，为下一次区域活动积累经验。教师的评价对幼儿来说非常重要，但也要避免出现只有教师评价而忽视幼儿自评和同伴互评的情况。特别需要注意的是，教师评价的重点不应集中在对幼儿活动目标的实现程度上，而应着眼于游戏的全过程，包括幼儿游戏过程中的专注度、坚持性、发现问题的敏锐度、解决问题的方法和态度、同伴互助的情况等方面，要关注更长远的深度学习能力的发展。

（二）清晰回顾

对区域活动过程的记录直接体现了幼儿对游戏的理解程度，可以帮助幼儿回忆与反思自己的整个活动过程，巩固所学的知识技能；也可以通过对比其他幼儿的游戏记录发现自己与他人行为的区别，拓宽自己的思路，提升探究热情与创新意识。学习能力强的幼儿能清晰地回忆自己的活动过程，然后用简笔画、文字或符号等进行记录，并重点记录自己在活动中遇到的问题及解决问题的过程，记录要重点突出、详略得当。

基于此，教师首先要预留出回顾游戏的时间，引导幼儿回顾自己的区域活动过程并进行简单的描述，说一说自己的活动过程、游戏中的收获、内心的感受和想法、游戏中存在的问题及可能的解决对策。此外，教师还可以指出幼儿在游戏中存在的问题，带领全班幼儿一起思考导致这些问题的原因，这不仅可以帮助幼儿梳理自己的游戏经验，也有利于教师更加深入地理解幼儿的游戏行为和学习特点。

表 3-4 区域活动中幼儿深度学习评价量表

一级指标	二级指标	1分（不合格）	3分（合格）	5分（良好）	7分（优秀）
活动选择	目标明确	1.1 没有提前制订活动计划，活动缺少目的性。	3.1 能简单地说出活动主题与任务，但活动过程中缺少计划性和目的性。	5.1 能比较清晰地说出活动的主题与任务，活动过程比较顺利。	7.1 能提前计划活动的主题与任务，主题清晰、任务明确。
	步骤有序	1.1 毫无规划或顺序混乱，出现消极等待行为。	3.1 有简单的活动过程规划，但容易脱离计划行事。	5.1 能根据需要合理地安排活动进程，且能较好地根据计划执行相关任务。	7.1 活动步骤划分细致，且循序渐进、逐步深入，能很好地根据步骤执行相关任务。
活动状态	积极主动	1.1 活动中等待安排，行为被动。	3.1 需要在教师的提醒下进行操作。	5.1 能比较主动地操作各类材料。	7.1 对活动有强烈的探索欲望，行为积极主动。
	专注投入	1.1 活动过程中无所事事或东张西望，出现较多与活动无关的行为。 1.2 活动持续时间少于2分钟。 1.3 探索随意，只是简单、机械地重复操作或频繁地更换材料。	3.1 活动过程中容易注意力转移，需要他人提醒。 3.2 活动持续时间为3~6分钟。 3.3 能较好地投入游戏，但玩法比较单一。	5.1 活动过程中较少受到干扰。 5.2 活动持续时间为7~10分钟。 5.3 有探索热情，玩法较多样，但难以做到物尽其用。	7.1 活动过程中注意力集中，能敏锐地发现容易被忽略的细节。 7.2 活动持续时间10分钟以上。 7.3 能充分利用各类区域资源，主动且持续地进行探索。

续表

一级指标	二级指标	1分（不合格）	3分（合格）	5分（良好）	7分（优秀）
活动方式	联系迁移	1.1 遇到问题时，只懂得运用一些较为熟悉的、简单的技巧，难以解决问题。 1.2 内容选择从众、随意，难度低。	3.1 遇到问题时，能在教师的提醒下回忆起相关经验的，但应用困难。 3.2 内容选择较常规，缺乏挑战性，与周/月主题偏差较大。	5.1 遇到问题时，能较快、较准确地调用自己已有的经验，但在应用上缺乏具体具体分析能力，难以应用变通。 5.2 内容与周/月主题相关。	7.1 遇到问题时，能快速、准确地调用自己已有的经验，对旧经验进行改造，使其与当前的情境相吻合。 7.2 内容具有一定的挑战性、复杂性，是周/月主题或教学活动的延伸。
	批判创新	1.1 全盘接受或否定同伴的建议。 1.2 没有问题意识。 1.3 遇到问题时手足无措，立刻放弃。	3.1 敢于质疑同伴建议，但理由并不全面。 3.2 难以发现问题，他人告知后也难以调整或使用方法不当。 3.3 遇到问题稍做尝试后放弃，或求助同伴/教师。	5.1 敢于质疑同伴的建议，理由比较全面。 5.2 能在他人的帮助下发现问题，有一定的改进。 5.3 遇到问题时能独立思考，提出的假设较常规或可行性不高，解决方法单一，成效不显著。	7.1 能主动发现差异，全面地分析原因。 7.2 能敏锐地发现问题，及时调整。 7.3 遇到问题时能独立思考，提出符合客观规律且具有一定创新性的假设，解决方法灵活多样且富有成效。

续表

一级指标	二级指标	1分（不合格）	3分（合格）	5分（良好）	7分（优秀）
活动方式	互动启发	1.1 单独游戏，没有与同伴合作的意愿。 1.2 活动中我行我素，不听取其他人的意见。 1.3 没有分工，难以配合。	3.1 能在同伴的邀请下进行合作游戏。 3.2 同伴之间意见不一致时听取他人意见的能力较弱，容易出现固执己见、合作难以继续的情况。 3.3 每个人的角色、任务较明确，但分工不够合理，欠缺配合。	5.1 能积极参与合作游戏，推进游戏进程。 5.2 同伴之间意见不一致时能在他人的协调下进行协商，最终达成一致。 5.3 每个人的角色、任务明确，分工较合理，配合度高。	7.1 主动提议合作游戏，组织协调能力强。 7.2 同伴之间意见不一致时能够耐心倾听对方的想法，并通过交流、讨论最终达成一致。 7.3 每个人的角色、任务明确，并可以根据实际情况灵活调整，配合默契。
活动反思	客观评价	1.1 不会评价。 1.2 只能看到自己的优点或无法认识到自己的优点与不足。	3.1 依赖性评价，需要他人来主导，针对性不强。 3.2 不能很好地意识到自己的优点与不足，特点不突出。	5.1 能在他人的帮助下独立评价，对自己作品的评价比较合理、客观，但评价缺乏依据。 5.2 能简单地分析自己的优点与不足。	7.1 独立评价，评价合理、客观、有理有据。 7.2 能准确地分析自己的优点与不足。
	清晰回顾	1.1 讲述活动过程时毫无逻辑和重点，只记录了一些与活动关系不大的内容。	3.1 能大概回忆起自己的活动过程，记录时难以突出重点，记流水账。	5.1 能比较清晰地回忆自己的活动过程，记录形式单一，重点不明显。	7.1 能清晰地回忆自己的活动过程，能用简笔画、文字或符号等进行记录，重点突出。

第四章
幼儿深度学习的质性评价

第一节 幼儿深度学习的质性评价概述

一、质性评价的内涵

质性评价是评价者通过特定方法（观察、记录、实物分析以及与评价对象进行对话、交流等），收集反映评价对象发展状况的丰富资料，对资料进行整理分析，并用描述性、情感性的语言对评价对象的能力发展和人文素养等方面的进步做出评定。质性评价就是力图通过自然的调查，全面充分地揭示和描述评价对象的各种特质，以彰显其中的意义，促进理解。[①] 具体说来，就是以人本主义认识论为基础，通过观察、访谈、描述及解释等方式，对幼儿在真实学习情境中的学习状态、行为和水平等进行评量，以全面、充分、系统地揭示和描述幼儿的各种特质，使评价者与被评价者达到共同心理建构的过程。[②]

质性评价的实质意义在于，强调教学评价不仅要评价对象的行为变化，更注重行为背后蕴含的特殊文化意义，试图解释行为产生的原因。质性评价转变了量化评价重视对评价对象的行为反应进行技术性的数量分析，追求逻辑性、精确性和标准化的科学结果的倾向，将评价的重点转向行为背后的意义，确立了研究者价值参与的合理性，尊重研究对象的个别性与独立性。[③]

---

① 张华. 课程与教学论 [M]. 上海：上海教育出版社，2000.
② 刘威. 语文质性教学评价研究 [D]. 新乡：河南师范大学，2011.
③ 刘桂辉. 质性评价：教学评价发展的新取向 [J]. 四川教育学院学报，2006（10）：17-18.

二、质性评价的特点

（一）重视教学过程中生成的价值

质性评价不是以预定的目标、标准为导向来评价对象的，质性评价将评价关注的焦点由结果转向过程，从动态的视角研究活动过程中的各种发展变化，重视对变化的具体分析和描述，从而打破了将评价活动看作对教学目标达成程度进行评价的狭隘思维。①

质性评价将评价对象在整个教学过程中的表现作为评价内容，重视对过程中"生成价值"的评价。教学过程中的"生成价值"包含很多方面，如幼儿对问题的思考过程、解决问题的思路、处理问题的情感变化，及教师在教育过程中引导方式、教学策略的变化等。质性评价关注教学过程中生成的价值，能帮助评价者收集更为全面的教育信息，从而进行全面细致的分析、评价。

（二）强调评价的文化性和情境性

美国教育评价专家古贝和林肯（Cuba E. G. & Lncon Y. S.）指出，人的观念、行为受其所处情境的影响，因而对人的观念、行为做出解释，首先应该介入他所处的现实情境，对其所处情境的文化氛围进行深入的描绘②。在不同的教学情境中所形成的文化氛围不同，教师与幼儿之间所产生的对话、互动也会有所不同。质性评价要求评价者分析评价对象的文化背景，用描述性语言陈述影响评价对象的生活情境或生活环境，通过对生活背景的剖析揭示行为背后蕴含的特殊意义。质性评价是一种自然主义的评价方法，认为只有深入评价对象的日常活

---

① 刘桂辉. 质性评价：教学评价发展的新取向［J］. 四川教育学院学报，2006（10）：17-18.

② 古贝，林肯. 第四代评估［M］. 秦霖，蒋燕玲，等译. 北京：中国人民大学出版社，2008.

动，置身于被评价者生活的情境（课内、课外、生活场景等）或环境（学校、家庭、社会等）中，与被评价者共同体验，了解他们所生活的社会环境和文化背景，才能获得与评价对象有关的多方面资料，对评价对象做出客观真实的评价。

（三）倡导多元主体的评价模式

传统的评价是专家评教师、教师评幼儿的线形评价模式，评价主体是单一的，作为教学活动中重要主体之一的幼儿始终处于被评价的地位。质性评价倡导多元主体的评价模式，认为在教学评价中作为评价对象的教师和幼儿同时也是评价主体。评价活动中既要有专门的教育评价专家参与指导，教师、幼儿、家长等也应该共同参与到评价活动中来，他们的评价意见应体现在评价结论中。教学评价是评价者与被评价者、教师与幼儿共同建构意义的过程。质性评价强调评价信息应来源于评价对象生活的各个方面，对教学中评价对象所做出的评价既要有"他人"的评价，又要有评价对象之间的相互评价，还要有评价对象对自身的反思性评价，通过他评、互评和自评相结合的多元化评价，从不同视角对评价对象做出准确的评价，减少评价中的片面性和主观性。

（四）重视评价对象的整体性和多样性发展

相较于量化评价以被评价对象的学习成果与成效作为评价的核心，质性评价突破了量化评价忽略精神领域和其他因素的局限性，将评价的范围拓宽，把眼光放到评价对象整体发展的各个方面。在质性评价的视野中，学习成果不是评价是否具有某种对象能力的最好证明，质性教学评价关注被评价对象在教学活动中知识与技能、过程与方法、情感态度等多方面的发展，关注其发展的多样性与全面性，帮助评价者更清晰地认知被评价对象的个性化表现，从而达到帮助其全面、健康成长的目的。

1. 多元性

在质性评价中，无论是评价主体还是评价标准、评价内容和评价方式，都是呈多元态势的。评价主体不再仅是学校、教师，还包括了社会、家长、同学、朋友以及幼儿自己；评价内容的多元化体现在评价内容开始走出文本知识的局限，关注幼儿能力及非智力因素（如兴趣、动机、意志等）的评价；评价标准方面，不再为所有幼儿制定一个相同的、不变的考察标准，而是根据每名幼儿的特点设定适合其自身发展的标准；评价方式也不再局限于标准化考试，而是更多的以观察、解释、描述等方式达到评价目的。

2. 过程性

质性评价不再专注于以甄别和选拔为目的的评价结果，而是侧重于幼儿学习的过程，关注幼儿在学习过程中的情感体验、学习方式和效果、学习中所遇到的问题等。质性评价的目的在某种意义上也可以说是过程性的，它的目的在于促进和完善幼儿的整个学习过程，发现和解决幼儿在学习过程中遇到的各种难题。总之，质性评价就是要把评价渗透到幼儿学习的方方面面，实现课程、教学和评价的有机融合。

3. 发展性

人的发展表现在人与自然的物质变换过程中，是指人的劳动能力即体力和智力得到充分的发展和运用。[①] 发展性评价立足于马克思主义关于人的全面发展学说，而质性评价是发展性评价的重要组成部分。质性评价实施的最终目的是为了更好地促进幼儿全面、和谐的发展。质性评价考虑幼儿的过去，重视幼儿的现在，更着眼于幼儿的未来，它不断收集幼儿在学习过程中的信息，根据具体情况，判断幼儿在学习上的优势和不足，在此基础上提出有针对性的改进建议。近年来颁布的各科课程标准之所以重视将质性评价纳入评价体系，其立足点也

① 中共中央马克思恩格斯列宁斯大林著作编译局．马克思恩格斯选集（第3卷）[M]．北京：人民出版社，1972．

是促进幼儿的全面发展。

4. 激励性

在以往的观念中，教学评价把甄别和选拔功能发挥到了极致，评价的激励性无从谈起。这种理念下的教学评价只是为结果表现好的幼儿服务，而忽略了处于中下水平的众多幼儿。质性评价不再强调甄别和选拔，而是关注和激励所有幼儿的学习，尤其是激励中低水平的幼儿不断发展。[①]

三、质性评价的理论基础

（一）建构主义理论

建构主义理论最早是由皮亚杰提出的。该理论认为，课堂教学是在教师的指导下，以学习为中心进行的教学。幼儿是主动建构知识的加工者，而不是受到外部刺激进而发生改变的被灌输者。建构主义教学评价在于评价学习者获得知识的过程，而不对幼儿的学习结果进行评价；评价思想在于通过对幼儿学习过程中的表现进行评价，从而促进幼儿的学习与发展。学习者知识的建构是知识与技能的结合。该理论认为，评价重心不仅要关注幼儿的学习结果，还要关注幼儿的学习过程。[②]

（二）人本主义学说

人本主义是质性评价的方法论基础。在工业化、科技规模化发展的时代，学校教育遇到来自社会的批评，他们将教育形容为：用统一化工业生产的模式扼杀幼儿的个性和活力，培养技能单一、规格一致和灵魂空洞的产品。于是便有了人本主义即自然主义取向的课程评价

---

① 刘威. 语文质性教学评价研究［D］. 新乡：河南师范大学，2011.
② 王雪娇. 高中英语生态课堂的质性评价研究［D］. 哈尔滨：哈尔滨师范大学，2017.

观，他们主张在真实情景中研究人的行为表现，展现人性的复杂、微观、丰富以及多样的特点。① 人本主义心理学兴起于 20 世纪五六十年代的美国，主要代表人物是著名心理学家马斯洛和罗杰斯。人本主义强调人的价值和正面本质，重视人的成长与发展，注重个体的自我实现，而不是简单地去研究和解释人的问题和行为。人本主义学习理论根基于人本主义心理学，其主要观点为：（1）人性是自然的，人是自然实体，而非社会实体；（2）人的成长与发展源于个体自我实现的需要，人的自我实现需要是个体人格形成与发展、扩充与成熟的内在驱动力；（3）知、情统一的教学目标观；（4）有意义的自由学习观；（5）以幼儿为中心的教学观。②

人本主义提出，教育的目的不仅是传递知识，更重要的是发展幼儿学习的自主性，进而提高幼儿的学习能力；教师要重视对幼儿学习过程的质性评价，从而增强幼儿自我评价的能力。教师的主要作用是帮助幼儿创设适宜的学习情境，从而使幼儿主动地完成学习任务。评价幼儿的时候，教师要从幼儿的角度观察他们的学习情况，了解他们的心灵世界，为幼儿着想。

人本主义主张教育不在于教会幼儿很多知识，而在于教会幼儿怎样进行学习，使幼儿能够掌握独立学习的方法，完成学习任务，这一点对改善目前教育中只重视知识传递而不顾及学习方法的情形是有益的。因此，教师要改变过去陈旧的教学观，要接受幼儿的差异性，发现幼儿的优点，适时给予引导，因材施教，而不是单纯地按照统一的标准去培养幼儿。③

---

① 史宁．量化与质性课程评价范式的分析及其启示［J］．沈阳师范大学学报（社会科学版），2006（1）：55-58.
② 刘威．语文质性教学评价研究［D］．新乡：河南师范大学，2011.
③ 王雪娇．高中英语生态课堂的质性评价研究［D］．哈尔滨：哈尔滨师范大学，2017.

（三）解释主义哲学

质性评价这种方法源于解释主义哲学。主体和客体二者是互为主体、相互渗透的。知识是主体通过不断建构和检验而形成的。不存在带有普遍意义的、脱离具体情境的抽象的知识，因而不能用对或错对知识加以判断，而必须依据它在具体情境中发挥的作用。事实与价值并不是相互独立的。不能完全用科学方法去评价教育和课程现象，那样只会导致人们对课程认识的僵化。许多问题只能通过描述性、解释性的语言来实现。质性评价就是要对与课程相关的行为及其原因和意义做出判断。[①]

（四）当代知识论

当代知识论认为，知识不只是认识主体对现实的准确表征和对客观规律的正确反映，还是人们对世界的一种解释，或是对问题解决的一种假设。知识对象无论是一种事物、一种关系或一个问题，都会受认识者的兴趣、志向、知识水平、价值观念、生活环境等"主观"因素的影响，导致在认识同一知识对象时，不同主体发现问题、提出问题、分析问题的视角会有所不同，认识过程和认识结果也不尽相同。如果只是采用标准统一的、量化的评价方法，则无法进行全面、真实的评价，会导致评价结果失真。

质性评价通过采用如观察、研讨、访谈、情境测验、作品分析等方式，全面、充分、自然地揭示和描述评价对象，在教学中，表现为能真实记录并反映幼儿在学习中的不同特点和优势，并根据幼儿的个性特征做出质性的分析和解释，这样，就能避免把幼儿丰富的个性泯

---

① 张杨.论课程评价中的量化评价与质性评价［J］.宁波大学学报（教育科学版），2004（3）：37-39.

灭在标准统一的数据中。①

（五）现象学理论

现象学是德国犹太哲学家胡塞尔创立的。"回到事物本身""交互主体性""回归生活世界"是现象学理论讨论的三大核心问题。

在胡塞尔及其支持者看来，事物的本身才是丰富而清晰的，对事物最直观的意向才能真正获得对事物本身的理解，这是现象学理论的"回到事物本身"这一核心问题的观点。质性评价主张在一种真实、自然的情境中对评价主体进行全面探究，这与"回到事物本身"的价值追求是一致的。

"交互主体性"是指在交往的过程中人们都是主体，交往的双方既相互承认、相互尊重、相互影响又彼此独立，主体之间能够通过对话来完成双方的交流，并实现共同发展。在"交互主体性"思想的影响下，质性评价鼓励评价主体的充分参与，鼓励互动主体之间不断地进行沟通与对话，在动态的评价中完成意义的共同构建。

"回归生活世界"是现象学理论的第三个问题。胡塞尔强调生活的世界应该是我们生活中的真实世界。② 真实的生活世界是动态的、整体的、情境的，人与人之间互相理解、互为影响，充满了现实意义。幼儿是生活在教育世界中的评价主体，探究其充满个人独特的行为表现与个性发展等特点，找出其存在的真正意义，正是评价的价值所在。质性评价是在真实的教育生活中发生的，是评价者与幼儿共同参与整个学习过程，在真实的互动交流中充分了解评价主体，进而做出客观真实的评价。

---

① 辛继湘. 课程评价改革的当代知识论基础 [J]. 课程·教材·教法, 2005 (6)：17-20.

② 李永光. 对学校德育困境的理性思考及对策研究 [D]. 济南：山东大学, 2007.

四、质性评价在幼儿深度学习中的价值

（一）有利于准确把握幼儿的学习兴趣

幼儿深度学习是指幼儿在教师的引导下，在较长的一个时间段，围绕着富有挑战性的课题，全身心地积极投入，通过同伴间的合作与探究，运用高阶思维，迁移已有经验，最终解决实际问题的有意义的学习过程。幼儿的深度学习是一个全人整体性投入的活动，既有认知维度诸多智力因素的投入，也有动机、情感、意志等非智力因素的投入。智力因素与非智力因素相互影响、相互制约、交互作用，共同决定着幼儿的学习是深度学习还是浅层学习。学习心理学认为，学习动机是激发和维持学习的基本动力。许多研究也表明，学习动机是决定幼儿学业成就的关键因素。幼儿深度学习表现在动机层面，强调积极情绪的激发与维持。① 由于幼儿的深度学习需要在一个连续的时间段内围绕一个主题进行，因而准确把握幼儿的学习兴趣，选择幼儿喜欢、好奇的学习主题尤为重要。质性评价的手段和方法是多样的，有课堂观察、调查问卷、师生互访等多种收集信息的方法与渠道。这些方法能有效帮助教师及时、准确地把握幼儿的兴趣方向，选择适合开展深度学习活动的主题与内容。

（二）有利于促进幼儿高阶思维的发展

深度学习的重要目标是提升学习者的问题解决能力，其中的核心是高阶思维能力，主要包括信息整合能力、建构新知能力、批判性思维、创造性思维、评价反思能力等。幼儿的深度学习是一种基于问题解决的学习，是一种主动的、批判性的学习。在深度学习的过程中，

---

① 王小英，刘思源. 幼儿深度学习的基本特质与逻辑架构［J］. 学前教育研究，2020（1）：3-10.

幼儿以其独特的方式建构着对客观事物的理解，通过经验的迁移、大胆的想象与创造，不断地尝试解决一个又一个生活中的真问题。质性评价是纵向且个性化的，它以活动过程为中心，关注幼儿个体思维能力的发展，尊重个体差异，尽可能发挥幼儿的潜质，有利于幼儿建构新知识、形成批判性思维、发挥创造力、促进自我反思等各方面的发展。① 相较于量化评价，质性评价的内容包含认知、情感、行为和态度等，在幼儿进行深度学习的过程中，能更敏锐地捕捉幼儿高阶思维的进步轨迹，更深入地评价幼儿的变化与成长。

（三）有利于促进师幼共同进步

在幼儿进行深度学习时，评价反思反复出现在一个又一个小的问题解决之中，换言之，在解决每一个小的问题过程中，都包含着评价与反思。幼儿在以问题解决为导向的深度学习过程中，需要不断地发现问题、思考解决对策、通过实践验证后评价反思对策。一个对策失败，就要分析原因，思考新解决对策，经过实践验证后再反思对策恰当与否。评价反思如此循环往复，直到问题彻底解决。评价反思构成了幼儿深度学习的主轴。② 在质性评价的视野中，倡导多元主体的评价模式，包括学习过程中的幼儿自评、幼儿间互评、教师的评价以及行业人员的评价等。教学评价是评价者与被评价者、教师与幼儿共同建构意义的过程。③ 因而在评价反思的过程中，教师与幼儿共同沉浸在深度学习活动的进程里，幼儿不断总结经验，解决问题，提高解决问题的能力；教师随活动进程调整教学策略，反思教学方式方法，师幼在活动中不断共同进步，提升自我，增强自身专业素养。

---

① 史媛. 质性评价在大学英语教学中的应用研究［J］. 黑龙江科技信息，2012（27）：212，9.
② 王小英，刘思源. 幼儿深度学习的基本特质与逻辑架构［J］. 学前教育研究，2020（1）：3-10.
③ 同①。

五、幼儿深度学习的质性评价内容

（一）深度学习的核心能力

进入 21 世纪后，由美国威廉和弗洛拉·休利特基金会（William and Flora Hewlett Foundation）发起，美国研究院（American Institutes for Research，AIR）组织实施的深度学习研究项目（Study of Deeper Learning：Opportunities and outcomes）在美国建立了 500 余所深度学习实验学校。该项目认为，深度学习是幼儿对核心课程知识的深度理解，以及在真实的问题情境中应用这种理解的能力①，并涉及认知、人际和内省三个层面六项核心能力：学业内容掌握、批判性思维和问题解决、有效沟通、合作、学会学习（即自我管理能力）、学习心志（学习互动、学习的动力、毅力、心理控制能力和自我效能），这些能力也是深度学习的评价内容。具体的深度学习能力框架内容如表 4-1 所示。

表 4-1　深度学习能力框架

三大领域	六维能力	具体表征
认知领域	掌握核心学业内容	基本理解某学科知识点并能进行知识的迁移，即幼儿能够通过理解和迁移在新情境中解决问题
	批判性思维和问题解决能力	能运用某一学科的核心工具和技术进行阐述及解决问题
人际领域	有效沟通	能有效地组织信息和数据，与同伴进行交流并为对方提供适当的建议和反馈
	合作	以团队合作的方式共同完成任务，包括制定共同的团队目标、规划解决问题的步骤、识别完成目标所需的资源、整合合作过程中的观点

---

① 张浩，吴秀娟，王静 . 深度学习的目标与评价体系构建 ［J］. 中国电化教育，2014（7）：51-55.

续表

三大领域	六维能力	具体表征
内省领域	学会学习	对学习过程进行自我监控和指导，包括设置学习目标、跟踪学习进程、掌握学习技巧和策略等
	学习心志	属于影响学习参与度的动机部分，包括对学习共同体有强烈的归属感、将学习理解为一个社会过程并主动向他人学习

（二）幼儿深度学习的评价内容

幼儿深度学习是指幼儿与环境互动，并在互动中通过独特的方式、方法来积极主动地获取新信息，汲取新知识，更加深入地认识身边的社会、自然环境等，并把这种知识经验内化以及运用到全新的情境中，从而激发幼儿批判性思维、提升解决问题能力的一种学习[①]。国内外关于幼儿深度学习的评价要素与美国研究院提出的六大核心能力呈现出一些共同点，它们主要都是围绕幼儿阶段性学习品质的发展情况进行评价，评价的目的是促进幼儿学习的可持续性发展，而不是聚焦于结果。其中，高频的评价要素有主动性、专注性、批判性思维等，具体的评价内容主要包括学习状态、学习方式、学习效果三个维度。

1. 学习状态

学习状态是指幼儿面对任务时是否跃跃欲试、积极配合、热情投入，形成以兴趣为导向的认知内驱力，在完成任务时具有明确的学习意向，学习行为表现出明确的目的性和坚持性，能够集中注意力，不容易被干扰或丧失信心，表现出明显的操作愿望和愉悦的情绪情感体验。

---

① 李向群. 幼儿深度学习的内涵特征及实现路径［J］. 济南职业学院学报，2020（5）：89-92.

2. 学习方式

学习方式是指幼儿能否以直接感知、亲身体验、实际操作为主要的信息获取方式，表现出明显的、可观察到的探究行为，积极主动地运用不同的符号语言、思维和动作去探索并表达对新事物的认知。

3. 学习效果

学习效果指的是幼儿能否吸收、思考、理解已有的知识和信息，将零碎的知识经验综合起来，迁移到现有的问题解决情境中，在深入学习的过程中能够利用想象拓展知识、创新性地解决问题。

表4-2　幼儿深度学习评价的内容框架

维度	基本要素	参考标准
学习状态	主动性、投入度、情绪体验	面对任务时是否跃跃欲试，积极配合，热情投入，形成以兴趣为导向的认知内驱力；在完成任务时是否具有明确的学习意向；学习行为是否表现出明确的目的性和坚持性；是否能够集中注意力，不容易被干扰或丧失信心；是否表现出明显的操作愿望和愉悦的情绪情感体验
学习方式	问题解决、实际操作、探究与思考	能否以直接感知、亲身体验、实际操作为主要的信息获取方式；是否表现出明显的、可观察到的探究行为；是否积极主动地运用不同的符号语言、思维和动作去探索并表达对新事物的认知
学习效果	理解、运用、迁移、创新	能否吸收、思考、理解已有的知识和信息，将零碎的知识经验综合起来，迁移到现有的问题解决情景中；能否在深入学习的过程中利用想象拓展知识，创新性地解决问题

六、幼儿深度学习的质性评价方法

（一）档案袋评价

1. 档案袋评价的概念

档案袋也叫幼儿成长档案册，是教师有计划地收集幼儿各类作品、活动照片、教师各类观察记录、幼儿的口述记录、家长的观察记录等内容以展示幼儿的成长过程，是用来分析幼儿阶段性深度学习状况的质性评价方式。① 档案袋评价要求收集到的各类资料须是可以相互验证的连续体，从评价内容上来说，它要反映幼儿各领域的发展现状；从评价过程来说，档案袋评价是一种阶段性评价，是一种展示幼儿学习历程的过程性评价，是一种持续的、不断发展的评价；从种类上来看，档案袋的类型多种多样，学前教育机构可以根据自己的实际情况和意愿自由选择。

为了让幼儿有机会和可能回顾自己的学习和评价记录，档案袋大多存放在幼儿能够够到的位置，幼儿可以和教师或其他幼儿一起翻阅、回顾以前的记录。当然，幼儿也可以将档案袋带回家与家庭成员进行分享和交流。每个幼儿的档案袋从其进入机构的第一天起就开始进行记录，在幼儿结束学习生活进入小学或是转入其他机构学习时，他在原有机构中的档案袋也随同转入，以帮助新环境下的教师了解幼儿过去的经历和发展状况，从而更加全面、深入地了解幼儿。

2. 档案袋的构成要素

（1）对幼儿基本情况的介绍

对幼儿基本情况的介绍一般是放在档案袋的第一页，包括幼儿的照片和一些个人基本信息，比如姓名、年龄、所在班级、带班教师等。幼儿的照片标志着这个档案袋的归属，方便幼儿自己、教师和家长翻

---

① 李玉萍. 幼儿档案袋评价的应用研究［D］. 洛阳：洛阳师范学院，2019.

阅与回顾。

（2）学前教育机构的教育理念

这部分内容包括教师的寄语和机构的教育理念。教师寄语部分传达出了教师的儿童观以及教师对每名幼儿的期望；机构的教育理念部分一般是每名幼儿的档案袋都包含的内容，它从理论上指导着机构的教学和对幼儿的评价，反映出机构是如何看待幼儿的成长和发展的。学前教育机构的教育理念能反映它的评价政策和实践，合理的政策和实践又为教师评价幼儿的学习和发展提供指导。新西兰教育部要求每个早期教育机构都要有一个属于自己的哲学陈述，它表达出了指导该机构评价实践的价值观、信念和理想。在评价政策上，尽管机构之间存在着一些共同的元素，但是每个机构对幼儿的深度学习和评价可能会持有不同的观点，这种观点就反映出了该机构的哲学理念。

（3）幼儿深度学习的表征记录

这部分是档案袋的主体，幼儿在日常生活中的绘画表征、数字表征、图表表征、符号表征等都是表达自己思维的形式，有助于幼儿梳理经验、表达自我，对幼儿思维的发展有着重要的价值。同时档案袋中对幼儿学习、活动的记录是评价的载体和基础，也是记录幼儿成长、进步轨迹的重要信息①。

（二）作品分析法

1. 作品分析法的概念

作品分析法是指研究人员有目的地为研究对象确定一个主题，研究对象按照预定程序完成作品，研究人员再通过对研究对象的活动、作品进行分析获取研究所需要的信息，从而对研究对象的发展做出评价的一种教育科学研究方法。

由于具有间接性，因而作品分析法更容易排除因学前儿童防范心

---

① 杨定姜. 新西兰学前教育机构的档案袋评价研究［D］. 昆明：云南师范大学，2015.

理所带来的信息失真。在幼儿进行深度学习的过程中，教师有时会受时间、环境条件、人力资源等因素的限制，或由于研究的特殊需要有时不能及时进行观察，那么可提出一个主题，让学前儿童在规定时间内完成并上交作品，通过他们所完成的作品，分析其所使用的方法、技术和达到的能力水平，这样可以达到放松学前儿童防范心理、获得真实信息的效果。所以，作品分析法就是以学前儿童的作品为中介，推断学前儿童的探究能力与心理特征发展的。在实施研究时，学前儿童通常不知道老师要求他完成作品的意图，其注意力集中于作品的完成过程。研究人员根据学前儿童的作品，间接地了解学前儿童发展变化的过程、学习特点、长处与短处、对所学事物掌握的深度及广度等方面的情况，以便更好地面向全体幼儿因材施教，取得更好的教学效益。因此，作品分析法是了解学前儿童深度学习情况并做出准确判断的一种重要研究方法。

2. 作品分析法的操作程序

（1）明确具体研究目标

在给幼儿布置主题之前，评价者应首先明确本作品分析的具体研究目标，即通过作品分析想获得学前儿童哪些方面的信息。在作品分析法中，具体研究目标的表述可以分为三个方面：知识的运用水平与特点、技能的熟练程度与特点、相关心理特征的表现与特点。具体研究目标确定后，再选择最能实现目标的方法。作品分析法的具体研究目标必须服务于深度学习的研究目标。

（2）确定分析指标

作品分析指标应从具体的研究目标中剖析出来，剖析过程与其他研究方法一样，可以由总到分、层层深入，先确定一级指标，再确定二级、三级指标。

（3）抽查作品

作品分析法一般适用于在班级内进行研究。通过对作品的分析，我们既要获得共性的认识，发现普遍存在的问题，也要获得个性的认识，找到特殊性，从而将共性与个性、普遍性与特殊性综合起来加以研究。因此，在研究过程中，可以根据不同时期的特点采取不同的作品抽查方法。一是总体检查，对全部学前儿童的作品进行检查。这是分析绘画作品和手工作品常用的方法，可分析学前儿童掌握学习内容的状况与技能发展特点。二是分类抽查，常用于语言、绘画、手工作品分析等。分类抽查首先确定分类标准及类别，再从每类中随机抽取部分学前儿童作品进行分析。分类抽查属于形成性分析。所谓形成性分析是指为了能够更准确地掌握学前儿童发展的信息，在学前儿童活动的过程或完成任务的过程中不定期地进行分类分析，以便更好地实施和改进后面的工作。需要注意的是，抽查法不是一成不变的，评价人员应根据研究环境、时间、研究对象等实际情况灵活使用。

（4）实施操作

实施操作阶段的主要工作是布置任务、分析作品、填写指标项目及分析表。具体来说，这个阶段又可分为两个步骤。第一个步骤是向学前儿童布置任务，即根据研究设计，向学前儿童布置所要完成的作品要求及完成作品的时间期限。在布置任务时，研究者不应将研究的目的告诉学前儿童，只需将作品的操作任务交代清楚即可，以避免暗示效应所带来的信息失真。学前儿童可在了解任务的基础上充分发挥个体主体性，形成不同风格的作品。作品的完成时限一般不宜过长，应根据制作任务的内容、性质与难度科学设定。如果规定的时限过长，在作品制作的前期，学前儿童会因认为时间充裕而放松情绪，在上交作品之前又匆忙完成，这种前松后紧的情况不利于充分发挥他们的主动性、积极性和创造性，研究者也难以据此准确地分析作品的制作水平以及学前儿童的相应特征。第二个步骤是收集学前儿童作品并进行分析。对学前儿童的作品进行分析时，首先，根据前面确立的分析指标进行作品分析与评价，这样做可以保证不同作品之间具有横向可比性；其次，应分析作品所具有的特色。

（5）研究资料的统计与分析

当分析、统计完所有的作品后，评价人员应按照教育科学研究的原理对前一阶段的分析表等研究资料再进行分析与综合、抽象概括与具体化。

（6）得出结论

在对研究资料进行分析与综合、抽象概括及具体化之后，便可得出科学的研究结论。在运用作品分析法进行一轮研究后，发现了一些新问题，而这些新问题即成为新一轮要运用作品分析法研究的问题。这样不断循环，使研究不断深入，从而获得对幼儿深度学习更客观、全面的评价。

（三）学习故事

1. 学习故事的概念

学习故事是由新西兰学前教育学者卡尔提出的。学习故事聚焦的就是幼儿的学习评价。教师在自然情境中通过捕捉儿童学习过程中一个个让人惊喜的"哇"时刻来刻画儿童作为"有能力、有自信的学习者和沟通者"的形象，基于文字和图片的记录对儿童的学习行为进行完整、真实的再现，为科学评价儿童的学习和发展提供帮助①。从本质上来看，学习故事是一种强调过程的形成性评价。

学习故事的讲述结构包括"注意""识别""回应"三个部分。"注意"是教师对儿童学习"哇"时刻的发现；"识别"是作为教师的"我"与幼儿进行对话叙事，对幼儿的学习进行评价；"回应"是教师期待与家长和读者一起制订进一步的跟进计划以支持幼儿的学习。

---

① 黄小莲. 幼儿园课程发展的故事讲述：课程故事、学习故事、游戏故事 [J]. 中国教育学刊，2022（8）：76-80.

2. 学习故事的特点

（1）捕捉细节，记录幼儿的真实生活

学习故事强调记录幼儿真实的活动场景和活动过程，活动后教师将幼儿活动的画面真实、完整地呈现出来，展现幼儿的材料使用、与人交往、对待生活的态度等。详细、真实地记录幼儿的所言所行可以帮助教师更加深入地了解个别幼儿，更加广泛地认识所有幼儿，也有助于教师在活动后进行反思。

（2）注重过程，探究幼儿的行为表现

学习故事侧重于观察幼儿的言行，在幼儿的学习过程中，我们将幼儿的行为看作一个统一的整体，并进行记录与解读，为教育者提供能够反映幼儿活动状况的持续性画面，避免了评价的碎片化。

（3）情随境变，强调在活动中评价

学习具有情境性，学习情境是学习发生的必要因素，幼儿在情境中通过亲身体验进行建构，获得知识。在幼儿园的现实生活中，不同的社交团体相互交错，幼儿处在多种学习情境中，担任着不同的角色，他们是老师的孩子，也是父母的孩子，更是彼此的学习伙伴。学习故事作为一种儿童在不同学习情境之间的"边界介质"，将影响幼儿发展的各种情境联系起来，发挥系统综合的作用。

（4）多方合作，评价主体多元整合

学习故事强调从多人视角来评价幼儿的行为，评价维度丰富，评价更具客观性、可靠性，为培养并拓展幼儿的兴趣提供保障。教师常以学习故事为联结点，加深家长对活动中幼儿的学习表现的认识，帮助家园在交流中拉近距离，增加沟通，便于后续工作的开展。

3. 学习故事评价的操作程序

（1）注意魔法时刻

教师要善于发现孩子们能做的事、感兴趣的事。每名幼儿都是独立独特的个体，教师要从不同的观察角度发现幼儿带来的惊喜，注意幼儿的魔法时刻，关注幼儿在活动中的创意萌发、场地选择、言语表达、能力发展、品质凸显等细节，详细记录幼儿的生活，关注幼儿的内心需求，注意幼儿微小的变化，捕捉其生活的精彩瞬间。

（2）识别行为原因

在捕捉幼儿细节行为的基础上，教师要在其复杂的行为中了解幼儿的兴趣，关注他们的性格和品质。教师要综合家长等多方看法，反思自己对幼儿的评价以及对其行为的解释是否存在偏颇之处，了解幼儿的真实想法和他们对事物的理解，提高自己观察记录的水平，使记录更能真实、准确地反映幼儿的内心世界。同时，教师要在研讨交流中分享经验，在集体学习中共同进步。

（3）回应幼儿的生活

教师对幼儿的积极回应关乎幼儿的健康发展。影响教师回应幼儿的因素有很多，如师幼比例、教师素养、教师情绪等。教师要重视幼儿的心理感受，用丰富适宜的回应策略提升学习故事的评价效果。在保教过程中，教师要始终保持积极的心态，一方面要恰当对待幼儿的求助行为，面对幼儿的哭闹应探求原因，缓解其情绪，提升其安全感和归属感；另一方面，要赞赏幼儿的积极行为，发展幼儿的兴趣，提升幼儿在园的幸福感。教师要针对幼儿的特定行为明确下一步怎么做，制订可行的计划，正确引导幼儿成长。

（四）马赛克方法

1. 马赛克方法的概念

马赛克方法是由英国学者艾莉森·克拉克（Alison Clark）和彼得·莫斯（Peter Moss）提出的一种研究儿童的方法。它采用儿童会议、儿童摄影、幼儿园之旅、儿童绘画、魔毯等参与式工具，并与观察、访谈等传统研究方法结合使用，从而激发儿童充分表达自身的观点。每一种方法都可以让研究者获得儿童不同角度的观念或看法，将这些不同角度的观念或看法综合起来便可获得儿童的完整看法。这种研究过程和结果就像用一片片马赛克拼砌，构成斑斓的图案，因此被称为"马赛克方法"①。

2. 马赛克方法的操作程序

（1）信息生成与采集

在这一步中，教师要利用各种方法采集幼儿关于某领域的想法、原有经验以及兴趣等。教师需要事先告知幼儿在以后的一段时间里具体的研究内容，并和幼儿一起了解相关研究方法，提醒幼儿可以选择他们自己喜欢的方法来表达自己对研究内容的想法。首先可以使用观察法获得幼儿外在的行为表现，然后结合照相机、旅行、制作地图、角色扮演等方法收集幼儿内在的想法。以照片的使用为例，在使用照相机时，研究者可以事先告知幼儿拍照的目的，如："拍出你喜欢的娃娃家的材料。""你认为医院哪些材料最重要？可以拍下来。"照片不仅显示了某个区角有什么，而且显示了幼儿在区角里看到了什么，它不仅是一种记录或收集信息的方式，还是一种幼儿对环境的评价方式。拍完照片后，儿童选择自己认为重要的照片制作成图书，准备在下一步骤中分享交流②。

（2）信息汇总与处理

这一步骤主要使用的方法是儿童访谈法，访谈的内容主要针对上一个步骤收集到的信息，包括观察所得的行为信息、幼儿制作的照片图书和旅行地图上的作品信息、其他一些间接信息等。访谈者引导幼儿做出自己的解释和阐述，让研究者更清楚地了解与明晰儿童的经验背景、兴趣关注点等信息。儿童访谈的具体内容包括：参加某个游戏的原因，最喜欢的人物角色是谁，最喜欢和谁一起游戏，喜欢参加什么样游戏等。

（3）反思结论及改造实践

阶段性总结与反思既是深度学习一个阶段的终结，也是深度学习

① 苗曼."马赛克方法"与幼儿教育改革［J］. 教育发展研究，2018，38（22）：7-15.
② 同①。

一个新阶段的起点。深度学习离不开对学习效果的反思，反思是保证学习活动能够在深层次发生的基本条件。在深度学习活动中，教师通过作品陈展、访谈、多媒介回顾（如回看活动视频、照片等）关注幼儿学习的反思与元认知，这有助于幼儿主动对学习过程进行回溯和再思考。在反思的过程中，幼儿的批判性思维、独立思考能力等高阶思维也能得到进一步的提升。

（五）SOLO 分类评价法

1. SOLO 分类评价法的概念

SOLO 分类评价法是一种以等级描述为基本特征的质性评价方法，由澳大利亚学者约翰·比格斯（John Biggs）教授和他的同事凯文·科利斯（Kevin F. Collis）在 1982 年提出。SOLO 分类评价法的基本理念源于皮亚杰的认知发展阶段论。皮亚杰的认知发展阶段论指出，在成长的过程中，儿童的认知发展是有阶段性的，不同阶段之间的认知水平有质的区别。

比格斯和他的同事通过研究发现，人的认知不仅在总体上具有阶段性的特征，在对具体知识的认知过程中，也具有阶段性的特征。人在学习新知识过程中表现出来的思维阶段是可以观察到的，因此称为"可观察的学习成果结构"（Structure of the Observed Learning Outcome，SOLO）。比格斯等人认为，学习结果的复杂性主要包括两个方面：一是量的方面，即学习要点的数量；二是质的方面，即如何建构学习要点。也就是说，在具体知识的学习过程中，幼儿都要经历一个从量变到质变的过程，每发生一次跃变，幼儿对这种知识的认知就会进入更高一级的阶段，可以根据幼儿在回答问题时的表现来判断他们所处的思维发展阶段，进而给予合理的评分。

2. 学习结果的五个层次

SOLO 分类评价法与皮亚杰理论最大的不同在于，它不是根据幼儿总体上的思维水平对幼儿进行分类的，而是对幼儿的每个反应进行分类。比格斯把幼儿的学习结果分为五个层次。

（1）前结构层次（prestructural）

幼儿基本上无法理解问题和解决问题，或被材料中的无关内容误导，回答问题逻辑混乱，或同义反复。

（2）单点结构层次（unistructural）

幼儿在回答问题时，只能涉及单一的要点，找到一个解决问题的线索就立即跳到结论上去。

（3）多点结构层次（multistructural）

幼儿在回答问题时，能联系多个孤立要点，但这些要点是相互孤立的，彼此之间并无关联，未形成关于相关问题的知识网络。

（4）关联结构层次（relational）

幼儿在回答问题时，能够联想问题的多个要点，并能将这多个要点联系起来，整合成一个连贯一致的整体，说明幼儿真正理解了这个问题。

（5）拓展抽象结构层次（extended abstract）

幼儿在回答问题时，能够进行抽象概括，从理论的高度分析问题，而且能够深化问题，使问题本身的意义得到拓展。

SOLO 分类评价法的五个层次分别代表了幼儿对于某项具体知识的掌握水平，对于幼儿对某个问题的回答，教师可以参照上述标准判断幼儿对该项知识内容的掌握程度。因此，这种评价方式可以帮助教师进行教学诊断，同时，也可以向幼儿提供有效的学习反馈，所以 SOLO 分类评价法可以用于形成性的幼儿学业评价。此外，如果为上述五个层次赋予不同的等级分数，那么幼儿问题回答的质量就可以被量化，量化的分数又可以作为终结性评价的依据。

第二节　幼儿深度学习的学习故事

> 故事是很有威力的研究手段。故事呈现出真实情境中真实的人，以及解决真正的难题所做的努力。故事引领我们研究那些可以改变的东西，那些真正带来成效的东西。
>
> ——维瑟雷尔和诺丁

20 世纪 90 年代，在标准化评价方式的基础之上，一些学者提出了表现性评价的理论与方法。表现性评价是建立在建构主义学习理论基础上的、用于评价儿童的新理论和新方法，它要求对幼儿的评价要与其生活经验相结合，以反映幼儿在真实情境中理解和运用知识的能力，倡导在不同情境中采用不同方式对幼儿进行评价①②。学习故事是一种与表现性评价理念非常接近的、对幼儿的学习与发展进行评价的方法，但与表现性评价更倾向对学习者学习结果的评价不同的是，习学故事更加强调关注学习的过程，属于形成性评价。形成性评价起源于 20 世纪六七十年代的美国，目前已受到全球教育研究和实践者的关注。在学前教育领域，基于对儿童发展的关注，形成性评价作为一种过程性评价和关注幼儿主体的评价方式愈发受到重视③。

学习故事是用叙事的形式对儿童的学习和发展进行评价，它既是一种形成性的评价方法，也是一种研究方法，其核心教育价值观源于新西兰早期教育课程框架，由该框架的参与人之一卡尔教授及其团队研究发展而成。学习故事指导教育工作者通过观察，采用叙事的方式，

---

① 沃瑟姆，哈丁 . 学前教育评价 [M]. 向海英，译 . 北京：北京师范大学出版社，2019.

② 杨丽 . 深度学习下表现性评价的内涵、特点及实施策略 [J]. 语文建设，2023（2）：59-64.

③ 马灵君，李玲玲，闫晓琳 . 形成性评价在幼儿园课程实践中的应用 [J]. 学前教育研究，2019（9）：85-88.

理解并支持儿童的学习。相较于传统的量化评价体系，它是更注重幼儿学习的持续性与完整性的质性评价，有利于促进幼儿的发展。在新西兰，教师观察幼儿的游戏和工作，记录幼儿的学习活动，以评估幼儿的发展与学习。这是一种非常有意义的教学工具，通过对儿童学习的复杂性进行记录和交流，帮助幼儿建构作为学习者的积极的自我认识，让幼儿认识到自己是"有能力、有自信的学习者和沟通者"，这进一步为教育工作者提供了重要的教学反思机会。该评价体系得到了国际学前教育界的认可，中国、英国、德国、加拿大等诸多国家的早期教育机构都尝试将学习故事作为一种评价幼儿学习的方式①。

另一方面，幼儿深度学习是在情境中发生的有意义的、整体性的学习，是幼儿在兴趣和问题解决的内在驱动下，主动积极地探究并解决问题，丰富和发展认知、情感、能力和个性，并将学习所得迁移到新情境中的一种学习。深度学习既是结果，也是过程。因此，对幼儿深度学习的评价既要从结果上评价幼儿深度学习所达到的程度，也要发现和探究幼儿深度学习的学习过程。作为一种形成性评价方式，"讲故事"这种叙事方式比数字、分数或是技能清单更能传送有效的信息。故事是写给孩子、写给老师、写给家长的有温度的信息，作为观察者和故事编写者，教师需要结合儿童发展与学习的相关理论，通过观察，记录幼儿在游戏与活动中的重要信息，并将其以故事的形式展现出来。这种方式有助于教育工作者更加全面、系统地评价幼儿在学习过程中深度学习的发生与发展。本节将着重探讨针对幼儿深度学习评价的学习故事，包括幼儿深度学习的学习故事界定、评价流程及评价示例。

一、什么是幼儿深度学习的学习故事？

在第二章中，我们提到了叙事性观察，它与学习故事有相似之处，

① 卡尔. 另一种评价：学习故事［M］. 周欣，周念丽，左志宏，等译. 北京：教育科学出版社，2016.

但学习故事的结构性更强一些。学习故事是通过在真实情境中完成的结构性观察［包括从幼儿日常游戏和学习活动中提取某个/一群幼儿的小故事（如用图文的形式记录下幼儿的学习过程中一系列的"哇"时刻）］，分析其中的叙事模式，从而对幼儿的发展（尤其是一些心智倾向，如好奇、勇敢、坚持、分享和承担责任）进行评价。基于深度学习的学习特征和目标，幼儿深度学习的学习故事是通过在真实情景中对幼儿日常游戏和学习活动进行结构性观察，针对某个/一群幼儿的学习过程提取其深度学习故事，从而对幼儿的深度学习相关特征和目标进行判断和评价的一种质性评价方式。学习故事是多视角的，强调情景、地点以及相关人员（包括教育工作者、家长等）在儿童学习中的作用，关注的是幼儿能做什么，而不是不能做什么。

"为了促进学习而评价"是卡尔教授和相关研究者在深入思考"为什么评价"之后得到的答案。他们发现，故事能够帮助教育者捕捉到学习的复杂性，比如学习的策略、动机等；能够体现学习的情境性，将学习的社会性与认知、学习效果结合在一起；还能够强调幼儿的参与，融入幼儿自己的声音。学习故事的焦点就在于幼儿的学习过程上，如：学什么，想什么，怎么学，怎么想，为什么这么学，为什么这么想。可以说，幼儿深度学习的学习故事旨在通过评价来促进幼儿的深度学习，同时为教师提供有效的支持和指导方向，以提升教学效果。

二、幼儿深度学习的学习故事评价流程

交互的形成性评价（Interactive formative assessment）模型是学习故事的原型，学习故事借鉴了交互的形成性评价三步骤概念（见图 4-1），包括注意（Noticing）、识别（Recognising）、回应（Responding）[1]。事

---

① 库静 ."学习故事"的价值及其对我国学前教育领域的启示［J］. 教育观察，2022，11（30）：65-67，117.

实上，每天教师都会进行这三个步骤很多次，但不一定每次都会完整地进行记录，这可以被理解为非正式评价；而那些通过文字和图片将这三个步骤都记录下来的评价过程，则可以称为正式评价，即在实践过程中基于一定的目标和方向对学习过程进行完整的观察与评价，具体可以参考四个 D 模式（见图 4-2），分为描述（Describing）、讨论（Discussing）、记录（Documenting）和决定（Deciding）①。

（一）非正式评价过程：思考路径

"注意—识别—回应"是在教师日常工作中持续进行的非正式评价过程。当教师明确了学习目标时，就会关注幼儿的言语和行为，并识别和判断他们的言语与行为。这种评价是无时无刻不存在的，常常是教师无意识的行为。然而，这种评价基于教师个人的经验与认识，缺乏理性思考，正确性和有效性都有一定的限制。相关研究表明，学习故事是一种以幼儿为中心的、教师与幼儿共同合作的方式，有效的学习故事应当深入思考"注意—识别—回应"这个三阶段过程，将注意、识别、回应落实到完整的故事中，为深度学习评价提供思路。

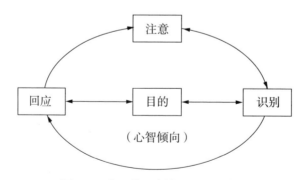

图 4-1　交互的形成性评价三个步骤

① 周欣，黄瑾，华爱华，等. 学前儿童数学学习的观察和评价：学习故事评价方法的应用 [J]. 幼儿教育，2012（16）：12-14.

●注意：教学始于观察儿童的学习，将故事写清楚，描述幼儿的实际行为和情景，主要回答"是什么"的问题；

●识别：分析和理解以上信息，将道理讲清楚，主要分析该情境中幼儿有可能发生什么样的学习，回答"为什么"的问题；

●回应：基于所识别的信息有效地计划和支持幼儿的进一步学习，将办法想清楚，体现的是教师计划如何支持幼儿某方面的学习，比如环境创设、材料支持、机会创造等，回答的是"怎么办"的问题。

（二）正式评价过程：学习故事的评价过程

由于深度学习既是结果也是过程，对幼儿深度学习的评价要考虑多个目标导向，因此，简单的"注意—识别—回应"并不能完整、有效地呈现幼儿深度学习的过程和结果，在学习故事评价的相关研究中提出的正式评价过程可以成为我们参考的依据。事实上，在新西兰教师的学习故事记录表中我们也会看到，他们记录的资料和信息丰富多彩，并非只是遵循和体现这三步结构。

遵循这个路径，我们可以进一步思考如何倾听幼儿的心声，把握其内在的心理需求和外在的客观表现，围绕幼儿的发展特点和深度学习的重要特征去设计学习故事记录表，包括制定识别标准，并通过描述问题、讨论与记录确认全面的学习故事。基于此，与学习故事的正式评价模式相关的"4个D"可以用来进行实践和操作，包括描述、记录、讨论和决定（见图4-2）。描述是对学习进行界定，对于学习本身产生一定的思考和反馈；讨论是教师与其他教师、幼儿及家长进行沟通后，对于描述进行思考和解读；记录是用某种方式（包括文字、照片、幼儿作品等）将信息记录下来；决定则是基于所记录的信息确定接下来要采取的行动，包括自然的回应、正式和非正式的计划。如果只是通过描述去做决定，这个决定就可能失去有效性，所以在此之前进行讨论，将相关信息完整地记录下来，才能使决定更加有效。

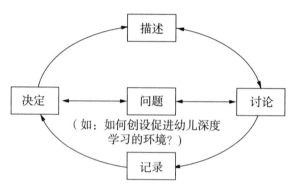

图4-2 幼儿深度学习的学习故事评价流程

三、幼儿深度学习的学习故事评价

美国作家马德琳·恩格尔（Madeleine L'Engle）曾说，一篇好的故事能引领我们洞察学习过程的每个因素。学习故事呈现的不单只是一个文字描述性的故事，而是包括了文字、照片等信息。另外，在线上的学习故事中，视频、声音也可以被加以存储、记载。因此，学习故事评价中对学习故事的描述和记录应当完整、全面，并针对幼儿深度学习的目标与特征具体展开。通常来说，学习故事评价表包括观察背景与信息（幼儿姓名、年龄、观察时间、观察者等）、结论、学习故事、幼儿作品照片（如有），针对幼儿深度学习的观察目标/指标也需要具体地呈现出来，并作为观察的方向。对观察内容进行客观评价后，还应给出建议。可以参考以下几个示例。

（一）幼儿深度学习的学习故事评价表（示例）

1. 幼儿深度学习的学习故事评价表（个体幼儿）

表 4-3 幼儿深度学习的学习故事评价表（个体幼儿）

观察日期：				观察编号：
儿童姓名：				儿童年龄：
观察者：				观察环境：

观察目标（针对幼儿深度学习）			实例或线索	学习故事
目标 1	目标 1-N①	√或 ×		对学习故事的客观描述，这是学习故事评价中非常重要的一部分。另外，可以插入活动过程照片（至少一张）、记录幼儿学习状态的照片。对每张照片做出相应的说明和评价。
目标 2	目标 2-N			
目标 3	目标 3-N			

短期回顾/结论	下一步（建议）
指的是观察者对他们发现的这个故事的关键点的概括（如：在这里发生了什么样的学习?）。	为教师提供近期指向，促进教学计划的制订、调整和完善（如：我们该如何鼓励下一步的学习和发展?）。

---

① N 为观察目标的具体序号。

2. 幼儿深度学习的学习故事评价表（个体幼儿，含幼儿作品照片）

表4-4　幼儿深度学习的学习故事评价表（个体幼儿，含幼儿作品照片）

观察日期：	观察编号：
儿童姓名：	儿童年龄：
观察者：	观察环境：

观察目标		学习故事	幼儿作品
目标1	目标1-N	这里主要指的是通过特定的幼儿作品对观察目标进行判断，因此照片应以幼儿作品为主。	根据观察目标拍摄幼儿作品。
目标2	目标2-N		
目标3	目标3-N		
短期回顾/结论		下一步（建议）	
指的是观察者对他们发现的这个故事的关键点的概括（如：在这里发生了什么样的学习？）。		为教师提供近期指向，促进教学计划的制订、调整和完善（如：我们该如何鼓励下一步的学习和发展？）。	

3. 幼儿深度学习的学习故事评价表（集体幼儿）

表4-5　幼儿深度学习的学习故事评价表（集体幼儿）

观察日期：		观察编号：	
儿童姓名：（建议用代码）		儿童年龄：	
观察者：		观察环境：	

观察目标		学习故事	幼儿表现
目标1	目标1-N	记录一群幼儿深度学习的故事，也可插入过程照片（每张照片应有说明）。	幼儿1： 幼儿2： 幼儿3： ……
目标2	目标2-N		
目标3	目标3-N		
短期回顾/结论		**下一步（建议）**	
指的是观察者对他们发现的这个故事的关键点的概括（如：在这里发生了什么样的学习？）。		为教师提供近期指向，促进教学计划的制订、调整和完善（如：我们该如何鼓励下一步的学习和发展？）。	

4. 幼儿深度学习的学习故事评价表（集体幼儿，含幼儿作品照片）

表4-6 幼儿深度学习的学习故事评价表（集体幼儿，含幼儿作品照片）

观察日期：			观察编号：	
儿童姓名：（建议用代码）			儿童年龄：	
观察者：			环境：	
观察目标		学习故事	幼儿表现	幼儿作品
目标1	目标1-N		幼儿1：	
目标2	目标2-N		幼儿2：	
目标3	目标3-N		幼儿3：	
短期回顾/结论		下一步（建议）		

注：表格内容和形式可以自定义，关键信息要整体呈现。

（二）如何撰写学习故事

1. 明确学习故事的定位

首先，我们需要知道学习故事是一个故事，而且是一个教育性故事，有生动形象的情节和教育价值，是从教育观察者的视角描述幼儿学习的过程。与"单纯的有关学习的故事"不同，在学前教育领域，我们所说的学习故事是以幼儿为对象，针对的是幼儿在学习过程中的行为、言语和互动，其故事语境是幼儿在学习中有意义、有价值的内在动因和外部因素。评价者需要通过研究故事中的人、事、环境等基本要素，根据一定的目标和框架分析幼儿的学习过程，探究其中蕴含的各种可能。

其次，我们需要了解，学习故事不是案例分析，不是教学日记，也不是流水账的记录，而是依据一定的叙事规律，从叙事时间入手，经过一定的时间跨度，将故事有重点地、系统地呈现出来。学习故事是有针对性的，要求评价者能够基于专业判断去分辨幼儿学习过程中的关键时刻。

最后，学习故事不只关注故事本身，所有的细节都是故事。细节包括现象，也包括感受，关于幼儿的学习故事需要关注幼儿的言语、表情、感受，以及幼儿与环境和他人的互动等。主观感受和客观环境及现象都能够为我们提供重要的信息。

2. 探索学习故事的关键特征

幼儿的学习过程是由许多片段组成的。因此，以学习过程为内容的故事通常也包含一个或多个连续的瞬间，时间跨度可能是一段时间，也可能是一天。学习行为的发生过程在一定程度上能够决定学习故事的大致结构和关键要素。结合深度学习与浅层学习的区别，以及幼儿深度学习的特征（如情境问题性、自主性、内在动机、反思性、整体性、以核心素养为中心、有意义的学习等），我们考虑将以下这些要素作为幼儿深度学习学习故事的编写依据。

●自主性：指的是幼儿自发的学习行为，非教师教导的活动，教师只是提供一定的辅助支持和引导。幼儿深度学习具有强烈的内在动机，它不会发生在被动学习中，而只会在主动学习中发生，所以学习故事的事件本身应是幼儿自发加入或进行的。

●参与度：指的是幼儿对于学习对象和内容的参与程度和感兴趣程度。基于幼儿深度学习的强内在动机属性，深度学习的过程一般是高投入的、幼儿积极参与的。因此，关于幼儿深度学习的故事应当有幼儿的高度参与。

●目的性：指的是故事本身应表现出幼儿各种行为的目的，同时，观察者一定要带有一定的目标和目的进行观察。

● 多样性：指的是通过一系列方法再现学习过程，除了文字和图片，还可以有视频等，用于构建完整、系统的学习故事。

● 客观性：指的是故事的再现主要以客观描述为主，而不要带有太多主观情绪地进行分析，分析留给"结论"以及"下一步"。

● 情境问题性：指的是幼儿的兴趣是从情境中来的，故事本身应当关注当下的生活或活动情境，这些活动有可能是自发的，也可能是我们通过经验和幼儿兴趣创造的。并且要关注情境当中的问题，对问题要做具体的描述。

● 整体性：指的是幼儿的深度学习是在整体的学习过程中实现的。幼儿的学习是生活中的学习、情境中的学习，因此幼儿深度学习的学习故事不仅要关注当下的学习过程，也要关注幼儿在整个学习过程中情感、社会性及认知的参与。

● 意义性：指的是幼儿深度学习是有意义的学习，故事本身也要关注学习内容的意义性，通过故事性描述体现幼儿如何理解并建立联系的过程。

● 反思性：指的是描述故事为的是基于观察目的进行总结和反思，帮助我们掌握幼儿学习过程的关键点，将看到的现象和从中获得的信息进行整合，再进行分析，形成一个整体。

● 发展性：指的是高质量的幼儿教育是具有发展性的，应当站在未来教育的视角，以未来需要的核心素养为中心，既关注幼儿的发展与学习，也关注幼儿的社会参与和主体化基础。因此，幼儿深度学习的学习故事应当以核心素养为中心进行构建和思考。

3. 如何构建学习故事

（1）完善背景信息：包括观察的日期、编号、幼儿的姓名和年龄、观察者信息、观察的环境（外界环境或材料等）等。

（2）确认观察目标：从幼儿深度学习的特征/学习目标入手，明确观察目标。

（3）撰写学习故事

●第1步：选取幼儿深度学习的一个首创行为作为切入点，可以使用第一人称叙事，如"我看见……"以求真实传达、客观描述。

●第2步：客观地描述幼儿说了什么、做了什么，注意描述细节（环境、语言、互动等）。描述可以有主观成分存在，但是要尽量避免在故事描述中进行主观判断和分析。

●第3步：梳理文字，补充关键信息，使"事件"成为"故事"，成为"哇"时刻。

片段示例：在角色扮演区，我看见可可说要给牛牛庆祝生日，但是没有生日蛋糕。于是，她开始尝试自己做蛋糕。可可走到建构区，拿出了积木桶。她从中拿出了两个半圆形积木，将两个半圆形积木拼在一起，组成一个圆圈，又拿出另外几个半圆形积木，向上叠加。然后，她又在探索区找到一根竹竿，去艺术区拿了一些太空泥，将太空泥搓成一团按在竹竿上。她问："这像蜡烛吗？"接着，她将竹竿插进搭成的"蛋糕"上，对牛牛说："牛牛，你可以吹蜡烛了，生日快乐！"牛牛说了声"谢谢"，两个人拥抱在了一起。

（4）如有照片，选择使用照片（幼儿作品/学习过程的照片），将幼儿照片所反映的信息补充在故事中。

（5）思考"注意—识别—回应"工具。注意是对幼儿学习的观察，记录"哇"时刻，也就是幼儿深度学习发生的时刻；识别是对学习的分析、评价和反思，如问自己："在这个情境中，我看到了深度学习吗？它是如何发生的？发生的程度如何？"回应是为支持幼儿的深度学习做下一步的教学计划，因此，需要在撰写故事后，进行总结和反思，聚集观察、解读和支持幼儿的深度学习。在这个过程中，可让幼儿参与学习故事的构建，比如邀请他们做自我评价，让学习故事更全面。

（6）思考"描述—记录—讨论—决定"的评价流程时，针对"学习故事""结论"和"下一步"的内容，可以邀请其他教师或观察者，甚至幼儿和家长一同参与讨论。需要注意的是，抽象的分析性文字可能会使内容显得苍白无力，只有融入多种视角和声音，才能更有效地分析故事背后的意义，最终完成有价值的幼儿深度学习的学习故事。

第五章

幼儿深度学习的激励评价

童 年 探 究

叶平枝

什么叫倾听

倾听不是完成任务

不是应付检查

更不是让孩子们排队等待

倾听是惊喜、懂得

倾听是援助、支持

倾听是感受、心流

倾听是在你身上看到我

倾听是在我身上看到你

倾听是心与心的触角挽成的花儿

孩子们为什么快乐和幸福

因为他们可以成长

每天都是激动人心的新鲜

每天的世界都是鲜活又明亮的

每天都有那么多新奇好玩的事物

好多好多渴望探究的问题

儿童是天生的研究者

天生的艺术家

天生的游戏者

天生的科学家

天生的哲学家

他们是天生的学习者

如果你能感受到
你会发现
生活不再琐碎、平淡、忙碌而形式化
顿悟哲学、艺术、科学和游戏的起源
感受儿童是多么高明的老师啊
他们才是不教而教
他们才是直抵内心和生命本质的天使

然而，为什么我们没有看到
因为我们被忙碌遮蔽了感觉
被沮丧填满了内心
被麻木和跟风阻止了发展

儿童因为爱而探究
我们因为爱而倾听和援助
他们的主动探究让我们激动、惊喜、欣赏和发现
我们的激情点燃，让他们沉浸、探究、创造和生成
当他们深度学习、积极探究时，我们看见、欣赏和促进
而当他们浅尝辄止时
带他们回归童年探究的本质

人性、童心和社会为什么呈现不同的样态
那是因为我们有不同的教育追求和水平
当你真正倾听、懂得、学习和成长时
就会发现
你不仅走向了专业成长之路

也走向了美好幸福之途

愿你所愿皆可得，相信，笃定

评价贯穿学前教育的全过程。幼儿深度学习的量化评价、故事评价、档案袋评价等对促进幼儿的深度学习无疑是重要的。除去这些专门的、正式的评价活动，在深度学习过程中，幼儿还接受着成人大量即时、主观、模糊的评价，这些评价既是保教活动也是评价行为。这类评价虽不是收集资料进行正式的判断，却对幼儿的深度学习具有重要的作用①。学前教育领域已有的研究称这种评价为教师的日常评价行为②。在深度学习过程中，幼儿会遇到成人的各种日常评价行为，有些评价行为缺乏情感投入，易挫伤幼儿的自信心。有些评价是具有激励性的。幼儿的深度学习有赖于幼儿对某种事物的持续兴趣和强烈动机，而持续的兴趣和强烈的动机离不开教师的激励性评价。因此，本章将对这些发生在幼儿一日生活中的、可以促进幼儿深度学习的激励性评价进行专题讨论。

第一节 幼儿深度学习的激励评价概述

一、幼儿深度学习激励评价的内涵

激励评价并不是一味对幼儿进行赞扬和表扬，而是需要丰富教育智慧的日常评价。从词源学而言，"激"原意指水流受到阻碍而涌起或溅起，引申是"激发"；"励"的本意指劝勉、磨炼、振奋。在汉语词典中，"激励"的解释是激发鼓励，表示劝勉某人，使其进步。在英语中，与"激励"有关的单词有"encourage""inspire""motivate"。"en-

---

① 高凌飚，黄韶斌. 教学中的非正式评价 [J]. 学科教育，2004（2）：1-6.
② 叶平枝. 幼儿教师日常教学评价行为的现状及存在的问题 [J]. 学前教育研究，2010（6）：19-24.

courage"可理解为鼓舞、促进、支持；"inspire"则是鼓舞、注入生命的意蕴；"motivate"意为激发动机、激励、驱使等。从心理学视角来看，人的一切行为来源于动机，对动机的激发就是激励。如果将人们的行为比喻成一辆行驶的汽车，激励就像是给汽车发动机加油，如果没有油，汽车就会停止，人的行为也就如汽车一样停滞不前了。可见，激励对人的行为和发展是多么的重要。激励可分为他人激励和自我激励。理想的激励是自我激励。教育者可通过他人激励激发受教育者的自我激励。

　　激励往往是通过评价实现的。例如，在图画书《味儿》的故事中，主人公雷蒙是一名幼儿，他很喜欢画画，看到什么画什么，直到他的哥哥说他的画一点都不像，他开始变得自我怀疑。然后他就以"像不像"的标准来作画，结果一直不能如愿。当他就要放弃的时候，发现妹妹一直在偷偷收集他扔掉的画作，并张贴到自己的房间里。交谈之间，妹妹无比欣赏地说喜欢他的各种画作，尤其是喜欢被哥哥嘲笑的那张画作，他问："为什么？它一点都不像。"妹妹说："因为它很有'味儿 l'不是吗？"雷蒙觉得妹妹的评价很有道理，于是又充满激情地画各种有"味儿"的东西。从这个案例中，可以发现，雷蒙哥哥的评价挫伤了雷蒙的积极性，不具有激励性，而雷蒙妹妹的评价很好地激发了雷蒙的绘画动机，充满激励性。这些激励是通过日常评价表现出来的，是日常评价中的激励评价。我们将幼儿教师的激励评价界定为：幼儿教师对幼儿活动动机的激发和自信心的提升，关注幼儿的心理感受和生存状态，具体肯定和鼓励幼儿的创造与进步，不断化解幼儿成长中的危机，善于发现幼儿的闪光点，帮助幼儿去除负面标签，从促进幼儿积极自我评价的角度塑造幼儿积极的自我意识和个性，进而推动幼儿健康、全面地发展①。

　　什么是幼儿深度学习的激励评价呢？基于上述分析，我们可以将

---

① 叶平枝 . 照亮当下　照进未来［J］. 学前教育，2019（9）：19-21.

幼儿深度学习的激励评价理解为：幼儿教师（或家长）在幼儿一日生活中，通过激发幼儿的内在动机和自信心，对幼儿的行为进行积极反馈，旨在持续推进幼儿进行深度学习的评价过程。

二、幼儿深度学习的激励评价相关概念辨析

（一）幼儿深度学习的激励评价与幼儿激励型评价

幼儿深度学习的激励评价与激励型评价非常相似，都强调内在动机的激发和自信心的提升，关注通过评价促进发展，均是在幼儿的日常行为中进行即时评价。二者的最大区别是，前者更关注通过评价促进幼儿的深度学习，后者就是通过评价促进幼儿的发展。

（二）幼儿深度学习的激励评价与幼儿教师的日常评价行为

幼儿深度学习的激励评价是通过提升幼儿的内在动机和自信来促进幼儿深度学习的一种评价行为。幼儿教师的日常评价行为是指在幼儿园一日生活中，教师对幼儿行为所做的即时性的言语和非言语的反馈行为。幼儿深度学习的激励评价的主体可以是教师，也可以是家长。假如是教师，它也是一种幼儿教师的日常评价行为，是幼儿教师日常评价行为中可促进幼儿深度学习的理想的评价行为。

（三）幼儿深度学习的激励评价与表扬

激励和表扬是容易混淆的两个概念，并常常被混为一谈。斯坦福大学著名发展心理学家卡罗尔·德韦克曾做过一个系列实验，该实验包括四轮（见图 5-1）：第一轮是简单的拼图测试，让小学生做简单的智力拼图，对一组学生进行表扬（"你很聪明"），对另一组学生进行激励（"你很努力"）；第二轮是可选择的拼图测试，拼图测试有不同的难度，请参加过第一轮的学生进行选择，发现被激励的学生 90% 选择难度大的任务，相反，被表扬的学生大部分选择了简单的任务；第

三轮是无选择的困难拼图测试，所有的学生都做不出来，被激励过的学生会专注、积极，特别喜欢这种难度大的测试，被表扬的学生紧张、沮丧、感觉自己不够聪明；第四轮再度是简单的拼图测试，被激励的学生比第一轮测试分数提高了 30% 左右，而那些被表扬的孩子，比第一轮测试分数退步了大约 20%。

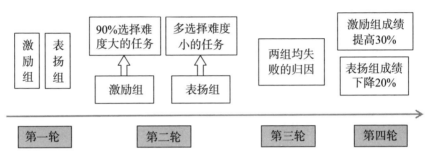

图 5-1 德韦克关于激励与表扬的四轮实验结果

这是一个重要的实验，实验表明，激励和表扬是截然不同的，激励使人进取，表扬使人脆弱。激励带来的思维方式和归因与表扬是大相径庭的。一般理解的激励如"你真棒"并不是真正的激励。二者的区别主要体现在两个方面：其一，激励的目的是自控，表扬的目的是他控，表扬是对人的肯定和赞美，激励则是激发人的内在动机，以他人激励促发自我激励；其二，评价的重点不同，激励评价的重点是过程和进步，表扬重点赞扬的是结果和优秀。

三、幼儿深度学习激励评价的作用

（一）强化幼儿深度学习的内在动机

内在动机是由活动本身产生的快乐和满足引起的。幼儿好奇心强，对外部世界充满兴趣，具有强烈的内部动机。但是，这种内在动机很容易被成人的外在动机所遮蔽。例如，当幼儿在探索"有没有相同的叶子"时，教师如果不给幼儿充分的时间深入探索，以欣赏和倾听的态度激励他们的探索过程，而是说"谁发现了相同的叶子我就奖励谁小红花（贴纸）"，幼儿就很容易从深度学习的内在动机转化为为获得小红花和小贴纸的外在动机，这就将幼儿的深度学习变为浅层学习。因此，幼儿深度学习的激励评价可强化幼儿深度学习的内在动机。

研究表明，那些希望得到家长奖励或避免惩罚的学生生活满意度较低，焦虑较高，学习坚持性较差，运用的学习策略较少，学习成绩不佳；相反，因为兴趣和快乐而学习的学生生活满意度高，焦虑较少，学习坚持性强，能运用更多的学习策略（认知策略和元认知策略），取得更好的学习成绩。所以，在幼儿深度学习的过程中，激发幼儿的内在动机不仅能够强化其深度学习的内在动机，还可以促进幼儿的全面发展。

（二）帮助幼儿建立积极的思维模式

在德韦克的上述实验中，为什么激励组和表扬组有这么明显的差别呢？德韦克教授认为，这是因为思维方式的不同所带来的，表扬组被试获得的"有天分""很聪明"之类的评价是固定的，为了维持自己的良好形象，不愿冒风险选择难度较大的任务，当遭遇失败时开始自我怀疑，最后会因自我怀疑而表现不佳。相反，激励组获得的评价是"因为努力而出色"，这是一个改变的力量，他们相信只要努力就可以表现出色，因而不怕失败，愿意选择难度较大的任务，即使遭遇失败也愿意继续努力，也因为积极努力在最后一轮中表现出色。可见，激励和表扬激发或强化了不同的思维模式，激励会激发、强化成长型思维模式，表扬则引发和强化了固定型思维模式。德韦克经过数十年的追踪研究发现，人们的成功不是由能力所决定的，而是由思维方式所决定的。

思维方式就是人们看待事物的视角、习惯和方法。同样的事件，不同思维模式下会看到不同的风景，认识、情绪和行为也大相径庭。

幼儿深度学习的激励评价不仅能够帮助幼儿建立成长型思维模式，还能激励幼儿积极思维和探究性思维的发展，帮助幼儿建立积极的思维模式。例如，当幼儿解决"怎样让土豆浮起来"的问题时，幼儿一开始的探索并不成功，开始有沮丧和放弃的想法，此时教师激励道："你们这么爱动脑筋，这么用心，一定能想到解决办法！"同时提供了解决问题的线索："有什么东西可以用来试试呢？"暗示幼儿将土豆与保温杯关联起来，幼儿将土豆装进保温杯再放到水里，终于解决了土豆如何浮起来的问题。这一过程中，教师的激励评价对幼儿的成长型思维、积极思维和探究性思维的发展有积极的促进作用。

（三）促进幼儿自我意识的发展

自我意识并不是与生俱来的，而是在环境中逐渐形成的。自我意识由自我评价、自我感觉和自我调控三方面所构成，作为个性倾向性，自我意识对幼儿的个性发展具有重要作用。自我评价是自我意识的核心，对于自我意识的性质和品质具有决定性影响。由于幼儿的自我评价容易受到成人日常评价的影响，因此成人的评价是否具有激励性就会明显影响幼儿自我评价和自我意识的形成与发展。

在幼儿深度学习的过程中，教师的激励评价通过三个方面来促进幼儿自我意识的发展：一是让幼儿增长成功经验，通过激励让幼儿感受到自己的进步和成功，提高自我效能感；二是在激励中渗透相信和期待，发挥激励的期待效应；三是利用激励引领幼儿进行良性归因，例如，在失败时归因于自己努力不够或难度太大，在成功时归因于自己的努力和用心，逐渐形成对事物的可控感。

（四）形成良好的师幼关系

幼儿深度学习的激励评价是人性的，也是智慧的。"人性"表现在对幼儿当下幸福和未来持续发展的深切关注，愿意尊重、倾听幼儿，支持幼儿的自主选择、决策和行动。就像《幼儿园保育教育质量评估指南》"师幼互动"部分所要求的那样：（1）教师保持积极乐观愉快的情绪状态，以亲切和蔼、支持性的态度和行为与幼儿互动，平等对待每一名幼儿；（2）支持幼儿自主选择游戏材料、同伴和玩法，支持幼儿参与一日生活中与自己有关的决策，让幼儿感受到自在、自由、自信、从容和放松，感受到教师的爱和支持。幼儿深度学习激励评价的"智慧"表现在教师对幼儿深度学习的有效支持，对深度学习过程的具体评价，对深度学习困惑和危机的化解，对不好标签的去除，这些都让幼儿感到温暖和支持，从而与教师建立积极的师幼关系。研究小学教育的学者认为，激励性评价"是拨动学生心弦的琴弦，是推动学生远行的帆，是张扬学生个性的催化剂，是连接师生心灵的桥梁"①。

第二节　幼儿深度学习激励评价的要点

幼儿深度学习的激励评价会围绕幼儿的深度学习来展开，幼儿深度学习的要素就是其激励要点，包括内在动机激励、问题意识和解决问题能力的激励、批判思维和高阶思维的激励、迁移能力的激励。

一、激发深度学习的内在动机

为什么要激发幼儿深度学习的内在动机而不是外在动机呢？我们先来看看自我决定理论的创始人德西曾经做过的一个实验。实验分为三个环节：第一个环节，两组被试玩同一种拼图游戏；第二个环节，对其中一组能成功拼出图案的被试进行奖励，对另一组被试不奖励；第三个环节，两组被试均不奖励。

---

① 刘智敏. 浅谈激励性评价在教学中的运用［J］. 考试（教研版），2009（6）：36.

令人意外的是，当德西宣布第三个环节的任务时间到，但大家可以在房间里待一会儿时，奖励组被试多数会看杂志而不再拼图，而未得到奖励组则继续专注于解决拼图问题。该实验结果表明：进行一项对于被试而言感兴趣的自发性活动，如果同时提供外在的奖励，反而会减少参与者的兴趣。幼儿有着探索世界的内在动机，但很容易被外界的所谓奖励遮蔽，甚至减少内在动机。由此我们看到，学前教育中的很多所谓奖励，如"你真棒""你真行""给你一朵小红花""奖你一张小贴纸"，都不是真正的激励评价。相反，这些评价可能会降低幼儿深度学习的内在动机，甚至可能将幼儿的内在动机转化为外在动机。有这样一个情境：一个妈妈带着三名幼儿去游泳，开始大家都很欢乐，享受游泳的快乐，自由自在地游泳。妈妈突然想到一个主意："宝贝们，我们来个比赛吧！这里是起点，那里是终点，谁第一个游到那里我奖励谁！"孩子们很是兴奋地争抢第一，最后妈妈宣布其中一人第一名，其他两名都觉得妈妈偏心，他们才是第一名。结果是闹得一塌糊涂，早已经忘记了游泳的快乐。由此可见，这里的"激励"不是真正的激励评价，不但不会提升幼儿深度学习的内在动机，反而还会阻碍幼儿的深度学习。

内在动机和外在动机不是泾渭分明、互不相干的，而是一个动机的连续体，不同的动机状态与控制感、自主状态都是紧密相关的，越朝向内在动机，自主感和控制感越强，会更有活动的动力、乐趣和满足感（见表5-1）。良好的激励不是把内在动机变成外在动机，而是珍视、支持和激发幼儿的内在动机，将外部动机转为内在动机。幼儿深度学习的激励评价的方向就在于此。

表 5-1 动机类型、控制和自主状态①

动机类型	无动机	外部动机				内在动机
控制感知	调节匮乏	外部调节	内部调节	认同调节	整合调节	完全内在调节
控制过程	淡漠	外部	大部分外部	大部分内部	内部	完全内部
自主状态	无力掌控	服从	自我控制	价值与意义认同	自我追求耦合	兴趣、乐趣
自主状态	非自主决定 ⟵——⟶ 自主决定					

与成人相比，幼儿的深度学习需要强大的内在动机，内在动机是幼儿深度学习的自然力量。可以说，幼儿的深度学习是否可以实现，首先要看幼儿是否有深度学习的内在动机。

而要激发幼儿的内在动机，激励评价需要满足幼儿的三种需要：能力的需要、自主的需要和归属的需要。具体来说，包括三个方面：其一，在评价过程中，让幼儿发现自己的能力，感受胜任感；其二，鼓励幼儿自主活动，欣赏他们的自主，凡是幼儿可以自主的就让他们自主选择、自主决定、自主活动；其三，通过评价满足幼儿归属的需要，通过温暖、智慧的评价语言营造温馨的互动氛围，让幼儿有归属感。如，对于班级规则的培养，可以创造情境让幼儿体会不遵守规则的混乱和不舒服，然后让他们发挥自主性，自己寻找原因和解决办法，激发他们的能力，并营造关爱、自由的互动氛围，幼儿就会乐于探索，将能力规则等外在要求转化为幼儿的内在要求，这也就是外在动机转

---

① 德西，费拉斯特. 内在动机：自主掌握人生的力量［M］. 王正林，译. 北京：机械工业出版社，2020.

化为内在动机的过程①②。

二、激励幼儿的问题意识和问题解决能力

　　问题是思维的起点，是幼儿深度学习的动力所在，也是幼儿创造力发展的关键。因此，教师不仅要善于提出问题，运用问题链推进幼儿的深度学习，还要发现并激励幼儿的问题意识，通过激励评价促进幼儿问题解决能力的发展。一位专家曾讲到这样一个经历：一个冬天的午夜，最后一班飞机落地某城市，大家睡眼惺忪地走出飞机。外面很冷，一个孩子一边蜷缩着身体一边对爸爸说："爸爸，在这个时候是不是有的地方不是黑天是白天？"爸爸看着手机没理他。孩子又问："爸爸，是不是有的地方不是冷天是热天？"爸爸终于忍不住了，训斥道："你有完没完呀?!"孩子不敢再问下去，所有的疑问都咽回去了。爸爸从不理不睬到最后的训斥都是对孩子的评价，但这些评价不仅没有任何激励价值，反而是对孩子问题意识和好奇心的摧毁。如果爸爸对孩子进行激励评价，比如："儿子真爱动脑筋，你怎么想到这么好的问题？我们明天一起找找答案。"那就会大大提升孩子的问题意识和问题解决能力。激励幼儿的问题意识和问题解决能力需把握两个问题：一是重视对幼儿问题意识的支持和欣赏，让幼儿能够不断提出问题，为自己的提问而骄傲、自豪；二是要相信幼儿可以提出问题，也相信他们能解决问题。

---

　　① 暴占光，张向葵. 自我决定认知动机理论研究概述 [J]. 东北师大学报，2005（6）：141-147.

　　② 刘丽虹，张积家. 动机的自我决定理论及其应用 [J]. 华南师范大学学报（社会科学版），2010（4）：54-59.

三、激励幼儿良性思维习惯和高阶思维的发展

幼儿良性的思维习惯包括积极型思维、成长型思维和探究型思维。幼儿期是思维习惯建立的关键期，但是相关研究和实践都比较薄弱。从建构主义的视角来看，思维习惯决定个体信息输入和建构的特点，因此，对幼儿的思维习惯进行激励非常重要。积极型思维的幼儿表现在难过时很容易开心、释然；成长型思维的幼儿不怕困难、不屈不挠；探究型思维的幼儿不会浅尝辄止，而喜欢刨根究底，深入探究。

高阶思维是发生在较高认知层次上的心智活动或认知能力，逻辑思维、批判思维、创造思维都是高阶思维的范畴。美国教育家布卢姆对思维划分出了六个层次：记忆、理解、应用、分析、综合、评价和创造。一般认为，记忆、理解是低阶思维，是较低层次的认知水平，是学习事实性知识或完成简单任务的能力；应用、分析、评价和创造是高阶思维，是完成创造、问题解决和评价等复杂任务的能力基础。深度学习就是从浅层次的信息和知识的获取与分析转向深层次的理解、应用和创造，使被动的死记硬背式学习转向有意义的高阶思维的学习。

如何发现幼儿的高阶思维呢？比格斯认为，认知结构和思维结构是不同的，思维结构并不受认知结构的影响。认知结构不可检测，但思维结构可以评价。根据学生对某个问题的学习结果，比格斯的 SOLO 分类评价法将思维由低到高划分为五个层次：前结构、单点结构、多点结构、关联结构和抽象拓展结构。前三个层次都是低阶思维，有量的差异；后两个层次是高阶思维，有质的不同（见图 5-2）。

尽管幼儿思维的深度和广度不比中小学生，但仍可以借鉴 SOLO 分类评价系统对幼儿思维的结构倾向进行激励评价。例如，在认识种子的过程中，幼儿对种子没什么了解，就是前结构思维层次；发现黄豆是种子但只知道黄豆一种种子，就是单点结构，这就是一种进步；如

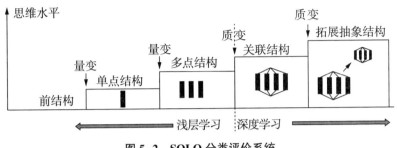

图 5-2　SOLO 分类评价系统

果发现黄豆、绿豆、红豆都是种子但还不能总结种子是什么，说明这种思维已经是多点结构了；后来经过水果种子、豆类种子、花生种子、南瓜种子等多方面的认识，已经对种子越来越熟悉，知道种子跟形状、颜色无关，并且经过教师的引导，知道种子就是能够种下去且长出苗的东西，还能够识别出果肉、土豆不是种子，就已经有了种子表象层面的概念，这样的思维层次就接近思维的关联结构层次了。虽然幼儿还很难到达拓展抽象结构，但思维发展的趋向就是我们激励的方向。

在激励过程中，还要及时发现幼儿的批判性思维和创造性思维。例如，孩子们发现有一株蒲公英孤零零地在角落里，教师问幼儿它是怎么了，幼儿各种猜想。有的幼儿自己动脑筋且敢于说"不对"，能独立发表看法，这就是批判性思维，就该给予激励；有的幼儿的想法尽管是错误的，但很奇特，这就是创造性思维，也需要激励。

四、激励幼儿的反思、迁移意识及能力

深度学习是追求理解、问题解决和迁移的学习。反思是问题解决和迁移的中介环节。高瞻课程的回顾环节就是促进幼儿反思的过程。在一次安吉游戏的回顾环节，教师引导幼儿探讨为什么半圆形积木从斜坡下滑速度比较慢，孩子们讨论原因，大胆猜想。一个孩子说可能是摩擦，另一个女孩说"不对"，如果是摩擦，那半圆形的这一面（指

平滑面）为什么滑下的速度更快？那一面摩擦的地方更多呀！在场的学者们都很惊讶，这么小的孩子知道摩擦，还能动脑筋提出不同意见，还能那么接近于真相。这种情况其实就是特别值得激励的时候，孩子们不仅能思考，还能反思——独立的、有深度的反思。此时，教师应及时接过女孩的问题："刚才××提出了一个特别好的问题，如果是摩擦，那么这个摩擦面更大，而半圆形的尖尖摩擦面小，为什么这一面下来得更快呢？"这样的评价不仅激励了这个女孩，还启发了其他幼儿的反思。与反思相比，迁移相对困难一些，若发现幼儿将对图画书故事、儿歌等的理解迁移到了生活中去，将一种游戏（活动）迁移到另一种游戏（活动）中，都要及时激励。

五、激励幼儿深度学习的自信

评价即"评估价值"，就是对人或事物进行价值判断。激励评价既是一种教育策略，也是一种行为塑造。激励评价的目的是通过发现优点、长项和闪光点，激发学生的学习欲望并保护学生的求知热情。激励一般是正向积极的评价，对于尚未形成良好自我概念的学前儿童，正向反馈更容易帮助幼儿获得效能感与社会性，对幼儿的激励更应当以正向反馈为主，帮助他们建立积极的自我评价，并增强自信。激励的本质是从他人激励导向自我激励。[①] 有学者认为，激励评价就是激发被评者自我完善、自我发展的行为动机，激励被评者不断前进的积极性和创造性[②]，是以激发学生内在的需要和动机、以鼓励学生自觉主动提高自身素质为目的的一种价值判断活动[③]。

综上，教师的激励评价应着眼于激发幼儿的活动动机和自信心，

---

① 德西，弗拉斯特. 内在动机 [M]. 王正林，译. 北京：机械工业出版社，2020.
② 郭玉荣. 高中英语课堂教学激励性评价探析 [J]. 江南大学学报（教育科学版），2007（6）：80-82，95.
③ 赵学勤. 激励性评价的标准与策略 [J]. 中小学管理，2002（11）：53-54.

关照幼儿的生命状态和心理感受，在幼儿取得进步时积极鼓励，遇到危机时及时帮助化解，消解并去除标签效应，从促进幼儿积极自我评价的角度塑造幼儿积极的自我意识和个性，进而推动幼儿健康、全面地发展。激励评价的激励并不是让幼儿自满和骄傲，而是激励幼儿进步，使幼儿对自己进行积极的评价并获得自信，进而建构积极的自我意识。例如，幼儿将自己制作的木船放到水里时，好几条船都翻了，孩子们很气馁，并得出这样的结论：我们年龄还小，造不出能浮起来的木船。教师说："你们刚试过几条船，这么多船还没有试过，你们怎么知道你们造不出来呢？"于是，孩子们又试了几条船，终于发现有一条船浮起来了！教师及时把握机会进行激励："这是哪个小朋友做的船呀？太厉害了！"一个小朋友自信地回答："是我！""是呀，××小朋友能做出能浮起来的小船，你们也能！大家研究下为什么××小朋友的小船能浮起来！"在教师的激励下，孩子们开始研究为什么这条船能浮起来，其他的为什么不行。在教师的启发下，孩子们找到了保持平衡的方法，对自己的船进行了改造，最后所有船都能浮起来，孩子们的自信大大提升。

第三节　幼儿深度学习的激励评价的策略

一、理想的幼儿深度学习的激励评价

理想的幼儿深度学习的激励评价应该是人性的、智慧的。人性的激励评价关注幼儿的心理感受和生存状态，智慧的激励评价会不断化解幼儿成长中的危机，欣赏和鼓励幼儿的发现、创造和进步，帮助幼儿树立积极的自我意识，获得健康全面的发展。与一般激励评价不同的是，智慧的幼儿深度学习激励评价能够把握幼儿深度学习的激励要点，有效地推动幼儿的深度学习。其中，人性化评价是基础，需要倾听幼儿，投入情感，感受幼儿的感受，理解幼儿当下和未来的生存状态；智慧化评价是关键，就是通过有效的方法激励幼儿的内在动机，把握幼儿深度学习的关键点进行有效的激励，增强幼儿的自信心，使幼儿的学习从浅层学习发展到深度学习，从低质量的游戏发展到高质量的游戏。

二、幼儿深度学习的激励评价的具体评价策略

（一）具体评价策略的应用

研究发现，当评价者给予具体的评价时，学生的反馈更加积极，而缺乏足够信息的评价则会让学生觉得无用，甚至沮丧，其中的原因可能是缺乏信息的评价会让学生对如何回应教师的评价感到疑惑，从而阻碍学生的学习水平。但这并不是说评价中携带的信息越多越好，过于繁杂的信息也可能会加大学习者的理解难度，从而混淆了评价者的最初意图。这些研究表明，评价要起到激励效果，一要具体，二不要啰唆。激励评价强调过程和具体。我们来通过案例看看具体评价策略的应用。

在一次语言活动中，教师画了有河流、大树和草地的背景图，然后在上面放了三张动物图片，分别是兔子、猴子和鸭子。然后教师问幼儿："你们谁愿意来把三只动物放到合适的位置上？"君君上来把兔子放到河里，把鸭子放到草地上，把猴子放到半空中。小朋友们都说放错了，还笑话君君一个都没有放对。教师说："那你们有谁愿意帮助君君呢？"阳阳上来帮忙，把兔子放到草地上，鸭子放到河里，猴子放到树上。

教师微笑着问：放对了吗？

小朋友异口同声地说：放对了!!

教师：我们该怎么说？

小朋友：棒棒，你真棒！

教师：阳阳真棒！谢谢你帮助君君！回去吧。

然后，教师对君君说：以后记得动脑筋哦！你也回去吧。

君君想要辩解，教师不给他机会，告诉所有小朋友要向阳阳学习，爱动脑筋。君君悻悻地回到自己的座位上，一直很不开心。

这是一个非常常见的教学片段。在这个片段中，教师对幼儿的评价存在诸多问题。首先，当她看到君君放的位置不对时，没有考虑幼儿是不是有自己的想法，标准答案和成人中心限制了她的行为；其次，当她请人帮助的时候也没有考虑君君的感受，不注意保护幼儿的自信；再次，当阳阳做出标准答案时，用泛泛的评价进行激励，更严重的是，这种泛泛评价竟然成为所有幼儿的习惯性行为和习惯性思维方式，这很容易带来标签效应和思维的固化，对于幼儿的学习和深度学习都很不利；最后，教师让君君记得动脑筋，其实这是对君君的打击。在本案例中，并没有理想评价的人性和智慧的特征，相反，对于君君小朋友的负面影响非常大，对于阳阳和其他小朋友也有负面影响。我们来看看理想的激励性评价应该是什么样的。

看到君君放到意料之外的地方，教师很好奇，于是开始了激励评价的过程。

教师：君君，你这么放是不是有一个故事呀？讲给我们听好吗？

君君：是的，小兔子看见小鸭子在水里游泳很凉快，就跳下去，小鸭子看见小兔子不会游泳快要淹死了就跑上岸来喊救命，小猴子从树上跳下来！

教师：呀，这么好玩呀！那接着呢？

君君有了自信，开始兴致勃勃地讲起来。

君君讲完之后，教师：君君刚才把三只小动物放到了我们想不到的地方，原来他有一个这么有趣的故事，君君爱动脑筋吧？君君真是爱动脑筋的小朋友，我们很喜欢你的故事，请回到自己的座位上吧！

教师：还有哪个小朋友想把动物放到不同的位置上，给我们讲一个有趣好玩的故事呢？

孩子们都很踊跃，纷纷要讲述自己的好玩的故事。课堂气氛空前活跃，孩子们的思路一下子打开了。

这个案例只是一个语言活动，一般而言很难有深度学习，但因为这位特别会激励的教师，幼儿的思路一下子打开了，孩子们敢于发表自己的看法，展开自己的想象，深度学习就自然而然地发生了。在本案例中，教师的激励反映了理想的激励评价的特点，那就是人性和智慧，所采用的方法是具体评价，而不是"你真棒""你真行"的泛泛评价。具体评价的策略如下。

策略 1：对幼儿的行为进行客观描述或叙述；

策略 2：用真诚的表情和语言表达自己的感受；

策略 3：用描述性的语言进行总结。

在上述案例中，教师在听君君讲故事时的欣赏和感兴趣表情以及"我们很喜欢你的故事"就是运用了策略 2；对君君进行评价时的"君君刚才把三只小动物放到了我们想不到的地方，原来他有一个这么有趣的故事"就是运用了策略 1；"君君真是爱动脑筋的小朋友"是运用了策略 3。在上述案例中，教师对活动过程进行了描述性总结，而不是对人和结果进行总结。

具体评价策略是激励幼儿深度学习的重要策略。当幼儿理解、思考、探究、解决问题、反思、迁移时，都可以运用具体的评价策略进行激励。

（二）具体评价策略的理念与习惯

1. 具体评价策略的理念

亨德朗（Henderlong）等人提出了五个可能影响激励的变量，包括真诚性（sincerity）、归因方式、自主感（perceived autonomy）、胜任感和自我效能感、行为标准和期望（competence and self-Efficacy）。①

　　具体评价看似简单，运用起来却并不容易，原因主要有两个方面，一是对评价的重点不清晰，在理念上并没有根本的改变；二是习惯使然，泛泛评价已经成为下意识的习惯，往往不经思考就脱口而出。

　　依据这项研究，我们在运用具体评价策略进行激励时，需要注意如下方面。

　　（1）激励幼儿时应该是真诚的，不是虚伪的，不要以为幼儿年龄尚小不懂得辨别，实际上幼儿的感受能力和辨别能力并不亚于成人。成人应对幼儿发自内心的欣赏，不要为激励而激励。

　　（2）激励时要让幼儿有自主感，并且有良性的归因方式。教师的激励并不是让幼儿形成对激励的依赖，而是要发挥幼儿的自主性，让他们获得具体的赞赏，同时通过"你发现了问题所以才解决问题"的可控性内归因激励幼儿向深度学习努力。

　　（3）要通过激励帮助幼儿获得胜任感和自我效能感。幼儿的自我评价是比较薄弱的，需要教师的引导。比如，当幼儿用不同的器皿收集雨水时，往往只满足于收集的过程。这时，教师可以问："用什么东西收集雨水能收集得更多？"引导幼儿通过观察、比较、分析来用不同的器皿收集雨水，最后发现哪些器皿可以收集更多的雨水。教师此时进行的激励就能够很好地提高幼儿的胜任感和自我效能感。

　　（4）激励时要表现出对于爱动脑筋、解决问题、反思、迁移等深度学习品质的欣赏和期待，启发幼儿更多的深度学习行为。

　　2. 养成具体评价策略的习惯

　　改变泛泛评价的习惯，可从如下三个方面入手。

　　（1）明确具体评价的重点

　　在进行具体评价时，教师要明确具体评价的方向和重点：激励进

---

①　Henderlong, Lepper. The effects of praise on children's intrinsic motivation：A review and synthesis［J］. Psychological Bulletin，2002，128（5）：774-795.

步而不是优秀；激励自信而不是骄傲；激励内在动机而不是外在动机；激励过程而不是结果。总之，激励的目的是发展而不是停滞。

（2）相信自己一定能建立具体评价的习惯

泛泛评价是大多数教师的习惯性评价，习惯的力量是非常强大的，要改变习惯必须与习惯做斗争，以新的习惯取代旧的习惯。首先，要反思自己的评价方式；其次，要努力进行改变；最后，要以具体评价习惯取代泛泛评价的习惯。

（3）明确幼儿深度学习的激励重点

评价就是价值判断，教师应通过激励强化幼儿深度学习的态度和行为。首先教师要重视深度学习，认为幼儿深度学习是很有价值的，看到幼儿深度学习的态度要欣赏和肯定；其次，教师应了解深度学习的要素，能够及时发现和欣赏幼儿深度学习的行为，对幼儿深度学习的行为进行及时的激励。如果教师自己也是一个深度学习者，就更容易发现和欣赏幼儿的深度学习，给予有效的具体激励。例如，当幼儿打破砂锅问到底时，当幼儿专注探究、寻找问题答案时，都要积极激励。

三、幼儿深度学习的激励评价的危机化解策略

教师既要对幼儿的进步给予具体肯定，也要敏感地识别幼儿的发展危机，并通过评价化解这些发展危机。与浅尝辄止的浅层学习相比，幼儿的深度学习意味着更多的挑战、失败。因此，幼儿深度学习的危机相对更多。教师对幼儿深度学习过程中遇到的危机进行化危为机就是对幼儿深度学习的激励。

从字面上理解，危机是危险和机会。从幼儿深度学习的角度来看，"危"就是阻碍幼儿深度学习的各种表现；"机"是指将幼儿从不能深度学习转向能够深度学习的各种条件。危险有大有小，提早发现，防微杜渐，化解危险，往往就能够转危为机。下面是一个案例。

在图画书《点》的故事中，主人公瓦士缇一开始是一个对画画没有自信的小女孩。教师看到别的小朋友都画完出去玩的时候，希望能化解瓦士缇的自卑，我们来看看她的化解过程。

教师：一个暴风雪中的小村庄。

瓦士缇：什么呀，我什么都没有画！

教师：也许你画出点或横线什么的都可以呢。

瓦士缇想，点谁不会画，于是拿笔在纸上点了一个点。

教师沉吟片刻，若有所思：请签下你的名字。

瓦士缇迟疑地在画上写下了自己的名字。

过了一段时间，教师把这个点用漂亮的相框装裱起来，还挂在了美工室最显眼的地方。

瓦士缇：哇，我随便画的点都成为艺术品，我还能画出很多不同的点。

瓦士缇对绘画的自信和兴趣陡然增加，接下来她画了各种不同颜色、不同大小的点，画点画到了"出神入化"的地步。

在这个案例中，教师发现瓦士缇对绘画的自卑和焦虑，于是从最简单的画点破冰，并珍惜瓦士缇的作品，给她充分的激励，很快就化危为机，改变了瓦士缇对绘画的态度，成功地将瓦士缇从恶性循环扭转到良性循环，使瓦士缇从点开始，由浅入深，逐渐成为一个自信满满的小画家。

进行这样的危机化解，需要几个具体的步骤。

第1步，进行危机识别。危机分为发展危机和境遇危机。瓦士缇所遇到的绘画焦虑是发展危机，教师通过倾听、解读她的心理感受和发展状况，发现危机、分析危机，这是化解危机的基础。至于境遇危机，前面将动物放到"不对"的地方孩子们集体嘲笑，这就是一个境遇危机。在幼儿深度学习时，也会频繁遇到这类危机，比如，幼儿为了制作船只进行浮沉实验时，铁块、木头和土豆都沉下去了，只有纸张、泡沫塑料浮起来。此时，教师可提出一个问题："你们的船有没有用这些会沉下去的东西做的呢?"幼儿根据经验就知道铁船、木船都是用沉下去的东西做的。教师继续提问："那你们可以怎么让这个土豆变成土豆船浮起来呢?"孩子们想了很多办法，如增加水量、容器体积，将吸管和空瓶子插到土豆上，但都没有成功，此时幼儿开始变得自卑、焦虑，行为开始固化，教师发现危机进入了第 2 个步骤。

第 2 步，换角度解释现实。对于客观现实的解释可以有很多不同的角度，如果从积极的视角进行解释，不仅能消除焦虑，还会增加自信。比如，当幼儿在探究让土豆浮起来而屡屡受挫时，教师如果不懂得激励，就可能会说："你们还小，不懂这个，以后再说。"或者说："你们怎么那么笨呀!"这些只会让危机越来越大。但教师如果说："你们这么认真观察，耐心实验，一定会找到解决办法的!"这样就会极大地激励幼儿继续探究问题。

第 3 步，提供支架帮助幼儿获得成就体验。教师将几个保温杯放到孩子触手可及的地方，有的孩子灵机一动，将土豆放进保温杯再放进水里，"哇"时刻出现了，装土豆的杯子竟然浮起来了! 于是孩子们研究起这时候土豆为什么浮起来了，很快就找到了原因：杯子是空的。然后在教师的启发下，幼儿将土豆切成两半，然后想办法将土豆挖空，土豆真的就浮起来了。所以，化解幼儿深度学习的危机有很多方法，材料、语言、表情都可以成为化解的工具。用分布式认知来解释这一过程特别有说服力。认知是分布式的，不仅包括个人头脑中所发生的认知活动，还涉及人与人之间的认知活动，以及人与材料之间通过交互作用实现的认知活动。

第 4 步，进行个性化化解。对幼儿困境的化解不是千篇一律的，应该一把钥匙开一把锁。如果教师都能及时发现幼儿深度学习的危机，防微杜渐，成功化解，那么幼儿的深度学习就能得到保证和促进。当然，教师在化解幼儿深度学习的危机时，不仅是化解技巧问题，更是理念、思维方式和教育智慧问题。教师要关爱幼儿，愿意倾听、解读幼儿，对幼儿有同理心，同时要有教育智慧，要把化解的重点放到幼儿积极的自我评价方面，这些是成功化解危机所需要的条件。

四、幼儿深度学习的激励评价的去标签化策略

（一）什么是标签效应

标签效应是具有诱导性的效应。如果幼儿被贴上"低能""不爱动脑筋""不能深度学习"，甚至"不会学习、只能游戏"的标签，就会严重影响他们对自己的评价，进而影响他们的感觉和表现。为更好地理解标签效应，我们来看看著名的假病实验。在介绍假病实验之前，先问大家两个问题：你是正常的人，会被诊断为精神病人吗？当被诊断为精神病人的时候，会真的变成精神病人吗？估计大家的感觉是不会，但实验结果恰恰相反，我们来回顾一下这个假病实验。

20世纪80年代，心理学家罗森·瀚恩想要检验上面两个问题，于是他秘密征集了5男3女共8名心理健康的志愿者，他们主要是学生和家庭主妇。瀚恩告诉这些志愿者要去精神病院体验生活，志愿者可以随时退出实验，离开医院。随后，瀚恩要求8名被试去精神病医院看病，并告知医生8名被试有严重的幻听症状，经常听到很奇怪的声音。结果，有7名被试被诊断为狂躁性抑郁，应入院观察。7名被试都成了假病人，需入院治疗。

在治疗过程中，没有一位假病人遭到怀疑，大约过了3天，有一位男性假病人提出出院，结果被拒绝。无论他如何解释，都被认为是妄想的、不合理的、精神有问题的，于是，恐慌在每个假病人心里蔓延。第7天，有一位女性假病人真的出现了精神恍惚和各种错觉，为了避免严重后果，心理学家终止了假病实验。

这个实验表明，如果被贴上标签，不仅可以让他人认同标签，被贴标签的人也会逐渐认同标签。标签具有强大的诱导作用。在生活中，我们也常常看到这种现象，一名癌症患者如果不知道自己患癌可能活很久，一旦知道自己的病是癌症，可能很快就会过世。原因就是把癌症与不可医治和死亡画了等号，贴了标签。当然，有负面的标签，也会有正面的标签。比如，好孩子的标签一旦被贴到某个幼儿身上，他/她就会按照好孩子的标准来约束自己。幼儿对自己的认识比较有局限性，很容易被贴上各种标签。对于标签效应，我们不仅要从好标签和坏标签来理解，还要从有局限性和无局限的标签来认识。比如，好孩子、乖孩子、聪明虽然是好标签，但因为标准比较局限，往往也会带来对幼儿的束缚，也会使当事人为了维护自己的标签认同，出现过于社会化、缺乏个性、嫉妒、脆弱等问题。所以，大部分标签效应是应该去除的，不贴标签，以开放和成长型思维看待幼儿，可以打开他们发展的广阔世界。

（二）去标签化激励评价的儿童观

去标签化激励评价必须有科学、先进的儿童观。那么，什么是科学、先进的儿童观呢？

1. 幼儿具有巨大的发展潜力

与动物相比，幼儿是未特定化的。也就是说，动物出生时能做什么已经确定了，"龙生龙凤生凤，老鼠的儿子会打洞"，但人类出生时并没有确定以后做什么，人类的未来有着巨大的发展潜力，既有人类进化过程中强大的遗传潜力，也有根据环境的不同可发生的巨大变化。所以，我们要像敬畏自然一样敬畏这种潜力的存在，并通过专业的力量帮助幼儿获得更好的发展。

2. 幼儿也是比较脆弱的

幼儿阶段是身心发展的关键期，也是人生比较脆弱的时期，很容易受到伤害，被限制发展，唯有爱心、专业和开放才能保护他们，激发他们的潜力。

3. 幼儿具有人类众多能力的雏形

幼儿是天生的哲学家、艺术家、科学家、游戏者，他们的好奇、好问和创新都是天性使然，因而具有其他阶段难于比拟的学习能力。我们要保护这些珍贵的能力和内在动机，以向幼儿学习的态度教学相长，以幼儿的视角开展教育。倾听幼儿、读懂幼儿是学前教育的基础。

游戏作为幼儿最喜欢和最适合的活动，也是幼儿学习的最佳途径，我们要创造和保护幼儿游戏的天性和权力，利用游戏促进幼儿的发展。

（三）去标签化激励评价的策略

我们从去除幼儿深度学习障碍的视角来讨论去标签化的激励评价，以下是这种激励评价的实施策略。

1. 创造让幼儿积极表现的机会

被贴上坏标签的幼儿多半对自己的认识比较消极，他们觉得自己笨，不会游戏和学习，更不会有什么新的发现。他们总是被动地跟随同伴，或者沮丧、羡慕地观察同伴的探究和发现。遇到这种情况，我们就要观察、倾听这些有特殊需要的孩子，创造适宜的表现机会，让他们重新看待自己，撕掉"笨""不爱动脑筋""不积极"等标签。例如，在图画书《点》的案例中，瓦士缇认为自己不会画画，老师给她一个很简单的表现机会，然后用作品呈现来表明对瓦士缇作品的评价，让瓦士缇突然冲破标签的藩篱，进入充满希望和自信的创作境界。

2. 当幼儿故态复萌时给予二度支持

在幼儿的深度学习中，被标签化的某种行为也是一种习惯，习惯的改变不是一蹴而就的，经常出现反复的过程。当幼儿反复出现某种不良行为时，情绪化的评价会更加固化不良的行为和标签。所以，教师应注意倾听和理解幼儿，给予幼儿多次犯错的机会，树立这样的观念将会降低教师情绪失控的概率。所以，当幼儿老习惯故态复萌时要给予情感的温度和相信的力度（我们称为二度支持），来有效激励幼儿，帮助幼儿撕掉标签。

二度支持也是理想的激励评价的人性化和智慧化反映。情感的温度就是给予幼儿情感上的支持，使激励充满教育的温度，让幼儿感受到教师的爱，进而愿意亲其身信其道，给予幼儿探究和发展的安全岛。相信的力度就是相信幼儿，相信幼儿的自主性，相信幼儿成长和发展的力量，相信幼儿会克服目前的心理局限，成为一个能够深度学习的小朋友。例如教师可以这样评价：

你把做了一半的船毁掉了，真的好可惜！相信你坚持下去一定能做出自己的小船的。

你不知道今天要干什么？我看你的计划是想搭建学校，快去跟他们一起建学校吧！前几天你按计划玩都挺好的，相信你以后会有计划性的。

教师的二度支持可以使幼儿获得力量，愿意克服自己的不良习惯，不断走向深度学习。

3. 发现幼儿的闪光点

在幼儿深度学习的过程中，幼儿的探究非常多样，但也容易遇到失败和挫折。如果教师不善于挖掘每个孩子的长项，那么就容易导致幼儿的表现两极分化：喜欢深度学习的幼儿会因为不断得到积极的反馈而越来越优秀；恐惧探究的幼儿会因为找不到感觉而越来越自卑，不愿探究。教师要在"面向全体"的原则下为每名幼儿的发展着想，发现每一名幼儿的长项，特别是在深度学习方面的长项，激发每名幼儿的探究热情。发现幼儿的闪光点有如下策略。

（1）努力寻找每名幼儿的闪光点；

（2）创造机会让幼儿发现自己的闪光点；

（3）经常提起幼儿的闪光点。

在日常评价中，教师要多发现幼儿的闪光点，特别是深度学习方面的闪光点，如内在动机、自信、爱思考、爱反思、愿意解决问题、能迁移、爱探究、会发现等，进行激励。参见下面的例子。

幼儿：我总画不好画。

教师：记得你画的那张展览的画吗？……

幼儿：嗯，好多人喜欢我画的画……

教师：是的，你一定行的！

当幼儿比较沮丧时，教师提起了他的闪光点，让他重拾信心，努力撕掉标签。教师也可以通过重提幼儿的闪光时刻让幼儿重拾自信。

幼儿：我怎么什么都没有发现？

老师：记得上次你发现蒲公英种子是怎么传播的事情了吗？……

幼儿：是的，是我发现的！

4. 让幼儿听到他人对他们的正面评价

在撕掉幼儿的标签时，还有一种方法就是善用他人评价的力量。当幼儿对自己老师的评价无感时，可以使用这一方法。例如，一名幼儿被"笨"的标签困扰，对幼儿发展的日常评价收效甚微。教师悄悄地联系了邻班的教师，让他们看了这名幼儿最擅长的一次活动，这位邻班的教师对这名幼儿赞不绝口。看似教师们之间的交谈，却被这名幼儿听在耳中，喜在心上，自信心得到明显增长。

为了激励幼儿的深度学习，教师可以在与家长沟通的时候提起幼儿的积极表现，如爱思考、爱探索等，幼儿家长就会将这种评价传达给幼儿，这将起到比直接激励更好的效果。在教师之间或教师与幼儿之间，也可以把这种间接评价表达出来，让旁听的被评价者受到激励。

教师：今天，我看到阳阳小朋友把昨天学的交通规则用到过马路上了，可厉害了！

教师：你们家的灵灵真是爱思考，今天一个问题可难了，她竟然解决了！

5. 幼儿教师的自我修炼

要去掉幼儿的标签，教师需具备一些基本素质，如对幼儿无条件的积极关爱、科学先进的儿童观和教育观、具有成长型思维和积极型思维、较好的情绪管理能力和丰富的教育智慧。在深度学习中，教师如果有着良好的探究型思维和深度学习习惯与能力，也会更加欣赏幼儿的深度学习，把握激励的关键。

此外，教师还需要拥有教育爱，有教无类，能够尊重、倾听、理解幼儿，把幼儿的发展和未来幸福当作自己的责任和使命。去标签的过程就是教师通过激励评价消除幼儿对自己的刻板印象，让幼儿开放自己、恢复自信的过程，是一个为幼儿美好人生奠基的过程。这一过程重要但很不容易，不仅需要教师掌握具体的方法，也需要教师不断的自我修炼，尤其是积极心态和情绪管理的自我修炼。

总之，具体评价是基础，化解危机是常态，去除标签是目标。激励评价不仅可以促进幼儿认知的发展、习惯的养成、情感的丰富，助力幼儿形成积极自我、良好个性和成长型思维，而且能够支持幼儿的深度学习，让幼儿在教师的激励之下不断挑战自我，深度探究，获得理想的发展。

第六章

幼儿深度学习观察与评价案例

案例一：图画书教学《田鼠阿佛》（中班）

一、教学观察与记录

教师：小田鼠们要入冬了，有一只小田鼠叫阿佛。他做着跟其他田鼠不一样的事情，我们一起来看看他做了哪些事情。

教师讲述图画书故事，当讲到田鼠阿佛收集的颜色时，教师结合图画书画面引导幼儿展开想象："一起闭上我们的眼睛，想象一下。你看到了什么颜色？睁开眼睛，有没有看到那些颜色？你在脑海里看到了什么？"

幼儿作答：蓝色的天空、红色的草莓、绿色的草地、黄色的麦田、黄色的香蕉……

教师：看起来你很喜欢香蕉。

图画书故事讲完之后，教师带着幼儿梳理故事：故事里面有谁？

幼儿：阿佛。

教师：还有呢？

幼儿：小田鼠。

教师：对，还有四只小田鼠。发生了一件什么事情？

幼儿：过冬，吃完了储存的食物，就饿了，又觉得很冷，很害怕。

教师：哦，这时候很无趣是不是？这时候阿佛带来了什么？

幼儿：颜色、阳光。

教师：阳光是哪里来的？（太阳）阿佛真的带来了太阳吗？你们刚才有没有感受到太阳？怎么感受到的？

教师：大家一起闭上眼睛，在脑海里想象着阿佛说的阳光撒在身上……（教师带着孩子们一起展开双臂）

师幼问答互动：阿佛还带来了什么？（颜色）有哪些颜色？（蓝色、红色、绿色、紫色）原来阿佛带来了五颜六色！

师幼问答互动：还带来了什么？（诗）是一首什么诗？（关于小田鼠的诗）

教师：这首诗里说了一年四季中小田鼠都会做的一些事情，我们一起来读一读。

教师：如果你是阿佛，你想收集什么？

幼儿：太阳、棒棒糖、画、阳光、颜色……

师幼问答互动：刚刚有小田鼠说想收集颜色，你想收集什么颜色？（红色）说到红色，你会想到什么？（草莓、西瓜）收集了西瓜，你还会收集到什么颜色？（绿色、黑色）

教师：如果你是小田鼠，你想收集什么？

幼儿：花。

教师：哦，你想收集一些花。

幼儿：赛车。

教师：赛车过冬可以玩起来，是不是？

教师：田鼠阿佛收集了这些东西，让冬天变得怎样？（好）怎么好？（很暖和）很温暖，很不错。

教师总结：阿佛收集的这些东西，让冬天变得很温暖，让之前很无聊、很枯燥的冬天变得好玩，阿佛真厉害。冬天有时候很无趣，但是我们可以想办法，就是刚刚我们说的那些办法，让我们的冬天变得很有趣，很好玩。

教师播放音乐，在提问中引导幼儿做出收集的动作。

教师：田鼠们一年四季都做了些什么？阿佛这首诗告诉我们一年有四季，有哪四季？

幼儿：春天、夏天、秋天、冬天。

教师：现在已经到秋天了，接下来就要到冬天了。现在我请所有的小朋友变成小田鼠，听着音乐，动起来，然后找一个舒服的位置，收集我们过冬的东西。（音乐起，带着幼儿从座位离开）想一想，你要收集什么东西？想一想，我是阿佛，我要收集什么？

幼儿答：阳光！

教师：那想一想，我们要怎么收集？太阳在上面，我们怎么收集？（做上扬的手部动作）

教师：在上面，阳光照在身上感觉怎么样？

幼儿：好温暖。

教师：还想收集什么？

幼儿：草地！

教师：草地该怎么收集？（手向下挥动）

幼儿：收集杧果。

教师：杧果在哪里啊？要怎么收集它？（做动作）

幼儿：草莓！

教师：那赶快收集！草莓要新鲜的才好吃！

幼儿：收集颜色！

教师：什么颜色？（绿色）绿色的什么？（西瓜）那赶快收集。（做动作）

幼儿：桃子。

教师：桃子在哪里啊？（做动作）

幼儿：收集玩具。

教师：什么玩具？（赛车）

教师：小田鼠们收集了好多东西呀！现在，请小田鼠们上厕所吧！

二、案例分析

（一）案例质性分析

教学中没有高级的抽象问题，只有具体明确的问题："如果你是阿佛，你想收集什么？"这样的问题不仅体现了图画书核心，也能充分调动幼儿的已有经验："收集太阳"——是幼儿想让自己的冬天像阿佛带来的阳光那样温暖；"收集画"——有这样想法的幼儿似乎已经感受到了阿佛内心那份独特的对浪漫的追求；"收集杠果、草莓、西瓜"——这些生活中常见的水果与阿佛在草原上收集的颜色相呼应，创造一个五颜六色的冬天对幼儿来说充满了吸引力。在冬天收集自己最喜欢的赛车也让孩子们感受到了冬天也没什么可怕的，有很多好玩的事情可以做，个体经验与图画书情境就这样相互交融。

教师的艺术性回应也为幼儿的深度学习搭建了支架，幼儿的回应"收集颜色"——这是图画书中本来就有的内容，创造性程度较低。但是教师紧接着追问："收集什么颜色?"这样的问题激发了幼儿关于各种颜色的生活经验，回应热情也被点燃，想象的快乐让幼儿感受到了收集的乐趣，因此自然地表达出阿佛让田鼠们的冬天很不错。

对于教师来说，师幼之间的互动是理性与感性的交融，面对幼儿天马行空的想象与回应，教师除了与幼儿一同保持着想象的热情，并耐心倾听，更重要的是要能够把握幼儿回答中的闪光点，"紫色"这一颜色不同于图画书中出现的绿色、红色、黄色，更多是由幼儿自身经验唤起的回答，教师马上敏锐地注意到了这一点，积极回应并肯定，"五颜六色"这一成语也自然而然地传达出来。阿佛是浪漫的，在阿佛的感染下，孩子们感受到了想象的自由，对冬天有了很多畅想，从开始的抗拒冬天变成期待冬天，教室的环境也在渐渐发生变化。对阿佛的浪漫的感受是深度学习图画书带给孩子们的独特体会。

（二）基于 SOLO 分类学的案例量化分析

开展量化评价前，首先，要将活动用视频记录下来，视频记录可以最大限度地保留幼儿与教师在教学活动中的现实状态与互动细节，幼儿的情绪、思考状态等也能从视频中被看到。其次，在 SOLO 分类学的指引下，整理教学活动中蕴含的学习任务，根据第三章第二节中图画书教学评价表（表 3-2）进行评分，得到的评分如表 6-1 所示。

表6-1 图画书教学评价表

教学内容	学习任务	得分	学习成果（个）	等级1（次）	等级2（次）	等级3（次）	等级4（次）	等级5（次）
田鼠阿佛	田鼠的冬日生活	3	4	0	0	1	3	0
	你想收集什么	4						
	自己的冬日畅想	4						
	和阿佛一起收集	4						

在以上案例中，教师在整个图画书教学过程中提出了4个学习任务，这些任务需要幼儿用语言表达和动作表达相结合的方式进行回应，因此结合幼儿的语言回应和肢体动作对4个整体的学习成果进行了评分。

第一个任务"田鼠的冬日生活"中，教师引导幼儿想象田鼠在冬天的生活状态。在幼儿的回应中，他们能将图画书中的信息，如画面颜色、角色神态、画面细节等，联系起来思考问题，并初步联系自己在冬天的生活经验，对小田鼠的"寒冷""饥饿"产生了共情，达到了第4等级，获得3分。

在第二个学习任务中，教师提出了一个开放性的问题："你想收集什么？"孩子们已经能够在图画书情境中结合自己的生活经验进行灵活回应，回答的内容丰富有趣，达到了第5等级，获得4分。

在第三个学习任务中，教师引导幼儿积极进行关于冬日生活的畅想，幼儿能够在理解图画书中小田鼠遇到的困境的基础上，跳出图画书内容本身，结合自己的生活经验，想出让自己的生活变得有趣、温暖的办法，进行了经验迁移，达到了第5等级，获得4分。

第四个学习任务是引导幼儿扮演小田鼠的角色，和阿佛一起收集。首先幼儿要思考想收集什么，并用动作创造性地表现出来。从幼儿的动作表演中能看出幼儿能够结合自身的生活经验进行简单的创造性想象与表现，如"摘杧果"等，达到了第5等级，获得4分。

（案例提供：广州市第一幼儿园 欧晓敏）

案例二：主题探究活动"小船启航"（大班）

一、主题缘起

船是我们在日常生活中常见到的一种交通工具。一天早上，子谦到了班上迫不及待地拉住我分享："老师，爸爸送了我一艘船！"说着从书包里掏出一个船模。这瞬间吸引了其他小朋友的注意，大家纷纷围过来看船模。"好厉害的船啊！""这是什么船？和我坐过的轮船不一样。""我这是军舰。""我在视频里看过军舰，还见过快艇。"小小的船模引发了孩子们的热烈讨论。为了追随幼儿的兴趣，我们开启了探索小船的航行之旅。

二、主题预设脉络

结合幼儿的兴趣和发展特点，我们将"小船启航"主题活动的预设脉络梳理如下。

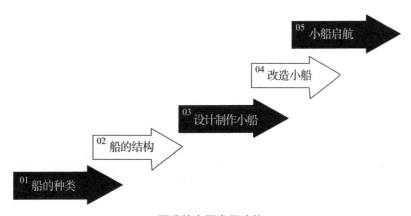

预设的主题发展脉络

基于主题预设脉络，希望在该主题中实现以下意向目标。

1. 认识船的种类及用途，了解船的构造和特点；

2. 对探究船产生强烈的内在动机；

3. 主动探索船的沉浮、载重与动力；

4. 尝试动手制作喜欢的船，并不断改进。

三、主题实施

（一）一个船模引发的讨论

子谦的船模唤醒了孩子们的坐船经历，于是我们进行了一场分享会，和孩子们一起认识了各种各样的船。在这个过程中，孩子们对船的好奇心不断增强，对船的疑问也越来越多。

"船是长长的。""船有好几层呢。"随着我们对船的讨论不断加深，越来越多的问题出现了。显然，这些问题超出了孩子们现有的经验，他们讨论着讨论着，常常就会陷入不实际的想象中。我知道，这个时候他们需要我的帮助。于是，我发起了一次调查，请小朋友们回家和父母一起搜索"船舶的外形与结构"相关资料，并带回园一起分享。在这次分享、讨论中，孩子们对船的基本外形和结构有了较为全面的了解。

幼儿关于船的经验展示

随着孩子们对船了解得越来越深，他们开始跃跃欲试，想要制作小船。最后，孩子们在大熊（图画书《大熊的大船》的主人公）想要制作自己的大船的情境下开始信心满满地动手设计和制作小船。制作过小船后，孩子们开始第一次尝试让小船航行。第一次试航并不成功，出现了各种问题。为了解决这些问题，我们进行了沉浮、载重、动力的实验，然后改变造船的材料、形状，优化船的动力，最后孩子们成功启航了自己的小船。整个探究过程既有曲折，也充满动手创作的乐趣和成功的喜悦，还发生了意想之外的有趣故事。

幼儿关于船的经验越来越丰富

（二）生成的课程故事

1. 关于航空母舰，我想知道……

在认识各种船时，我们观看了一些生活中少见的船的科普视频。在欣赏航母作战视频时，孩子们的情绪很是激动，在组织投票"我最喜欢的船"时，航空母舰成为最受孩子们欢迎的船。

"我最喜欢的船"投票

围绕"关于航空母舰，我想知道……"主题，我们进行了谈话。孩子们提出的问题也更聚焦了："为什么航母的肚子大大的？""上面的房子是什么？""为什么船头像滑梯一样弯弯的？"这些问题超出了孩子们的已有经验，于是他们变身为小小调查员来解决自己的疑惑。他们通过询问爸爸妈妈、看视频、查阅图书等方式寻找答案，然后一起讨论收集到的答案，最终对航母的结构有了清晰的了解。

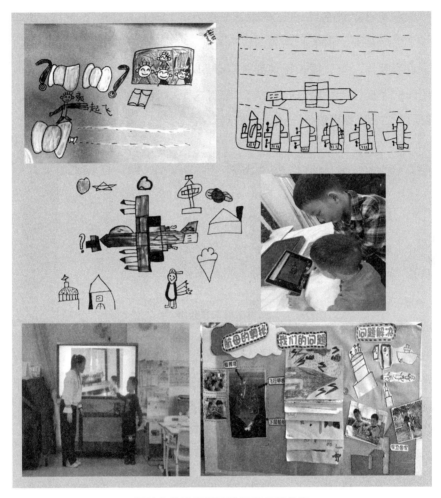

通过多种途径获取关于航母的信息

2. 航母上都有谁

为了支持孩子们对航母的探究兴趣，教师在阅读区投放了相关图画书。有一天，孩子们拿着《舰长的一天》来问："老师，您说穿黄色马甲的是不是指挥员？浩洋说是维修员，我觉得不是。""不对，穿绿色马甲的才是维修员。"孩子们对航母上的工作人员产生了兴趣，一场关于航母上都有哪些角色的讨论开始了。

3. 我们的航母

之后几天，孩子们在表演区玩起了航母的角色游戏，不亦乐乎地争着当舰长。奕辰舰长说他要去巡航母，但角色区的船很小，于是他便向伙伴提议："我们搭个大航母吧，这个小船都不像航母，有航母才好玩！"一听要搭航母，孩子们的兴致更高了。

航母上的角色扮演

接着，孩子们一起画了航母设计图，并一起讨论游戏计划，在前期经验的支持下，孩子们最终讨论出的搭建计划是要搭建船体、滑翔道和指挥塔。据此，大家就分成了三组进行搭建。

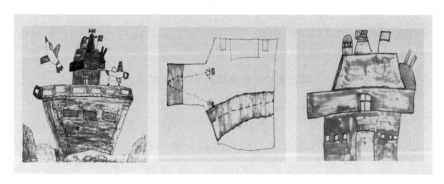

幼儿设计的航母船体、滑翔道、指挥塔（从左到右）

（1）搭建船体

问题1：转弯时如何连接？

船体组的孩子们找来长方形木块，用架空排列的方式搭第一层，用垒高的方式搭更宽的第二层。但在转弯处他们发现，无论怎么排列木块，中间都有缝隙，这样航母在海上航行时会"漏水"。

幼儿发现转弯连接处存在问题

解决问题：寻找合适的材料

尝试无果后，孩子们向教师求助。教师问："这个洞是什么形状的？"孩子们马上回答："三角形。"璇璇受到启发，找来三角形木块嵌进去，成功塞住了缝隙。

寻找到了合适的材料堵住缝隙

迁移经验：迁移经验解决转弯处的连接问题

接着，他们发现，第二层由于更大，无论用三角木块还是长方形木块垒高，都会有缝隙。这次他们主动寻找其他材料，发现四分之一圆木块和三角形比较相似，而且比三角形木块更大，刚好能塞住缝隙，因而解决了转弯处的连接问题。

迁移经验解决转弯连接问题

问题 2：怎样维持积木的平衡？

第二层搭完了，孩子们觉得大功告成了。这时，翰翰提出太矮了，海浪会冲进来。经过讨论，孩子们决定搭第三层。璇璇和几个小伙伴用两块积木搭出 T 字形来垒高，这样能让船体又高又大，但总是倒下来。他们不断捡起来、放上去。他们调整位置，想要放出来一点，又试图寻找平衡点，保持积木不倒。最后，璇璇和组员发现，放在中间的位置能保持平衡，于是就按这个方法搭起了第三层。

解决问题：探索平衡与重量的关系

第三层的搭建与航母的结构不符，我注意到后，提出了问题："上面有没有比下面更大呢？"婷婷尝试拉出来让第三层更大，结果又要倒了。婷婷又马上用手压住说："这样会倒。"我追问："你观察一下，会倒的原因是什么？"广毅想了想说："因为这边重量不够。"我立刻回应："你很会动脑思考。你们看，婷婷用手压住这边就不会倒，可不可以用什么东西代替婷婷的手呢？"婷婷拿起木块放上去，压住，然后移开自己的手，发现不稳，又放了一块，夹住中间的木块，成功放稳了！孩子们的脸上绽放出笑容，婷婷还用手去感受了一下两层宽度的不同，并说："耶！这样真的更大了！"

幼儿通过探索成功让积木保持了平衡

迁移经验：迁移平衡经验解决材料问题

由于孩子们搭建的航母很大，还没搭完船体，长方形木块就用完了。面对新的问题，孩子们开始寻找其他材料。婷婷找到长条积塑说："我们做个实验。"说完找了块空地，用长条积塑做起了平衡实验。实验结果发现可以平衡，这让他们成就感满满，很快就用新材料把剩下的船体搭好了。

迁移平衡经验解决材料问题

表6-2 "探索重量与平衡关系" 教师思考单

问题	观察要点	教师支持	深度学习表现
转弯时如何无缝衔接?	幼儿是否能够进行经验的迁移?	通过提问进行提示。	迁移经验,解决转向连接。
怎样维持积木的平衡?	幼儿是否在遇到问题时保持积极的情绪状态?	提出疑问,帮助幼儿发现建构中的错误。	积极主动解决问题,迁移经验获取新材料。

（2）搭建滑翔道

滑翔道组的孩子们用长木板架在船头当滑翔道,一块木板斜放在坡上,另一块木板平铺在地面,连接在一起做滑翔道。

滑翔道的制作

发现问题:飞机飞不上去怎么办?

很快我发现,两块木板之间的坡度太大,于是拿起黄色积塑模拟飞机起飞,假装在两块木板连接处卡住,并呼救:"哎呀,怎么办?我的飞机怎么飞不上去了?"我的"呼救"吸引了孩子们的注意。孩子们纷纷围过来观看,但他们有些愣住了,有点不知道该怎么办。接着,我引导他们观察:"你们看看,这两块木板的坡度是怎样的?"子城说:"一个高的,一个平的。"我拿出航母滑翔道的图片,引导孩子们对比,发现不同之处。经过对比观察，幼儿总结出："滑翔道要像滑滑梯一样，不能太陡，不然飞机飞不上去。"

解决问题：探索斜式连接

孩子们开始想办法改造滑翔道。臻臻把地上的木板拿起来架上去，这样滑翔道就没那么陡了，但凯琪发现连接处不顺畅，说："不行，这里飞机会卡住。"臻臻拿来积塑模拟飞机起飞，发现确实会卡顿。

幼儿在探索斜式连接

凯琪也动手尝试起来，她把上面的木板和地上的木板都抬高，把两块木板顺畅地连接起来，这样也没那么陡了，但底下需要东西支撑。见状，扬扬拿来木块垫在下面。几次尝试后，他们发现木块要垫在连接处，这样两块木板才不会掉。就这样，孩子们探索出了斜式连接的方法，成功解决了陡坡问题，改造了滑翔道。

改造滑翔道

表6-3 "探索滑翔道斜式连接"教师思考单

问题	观察要点	教师支持	深度学习表现
飞机飞不上去怎么办?	幼儿是否能够合作探索问题的解决方式?	制造情境引发问题。	同伴合作,互相启发,探索出斜式连接的方法。

（3）搭建指挥塔

指挥塔组的小朋友找来了拼插积塑组装到一起，边围合边垒高，搭出了高高的塔状。小队长浩辰说："中间还要有瞭望台看敌人。"接着拿来积塑穿过空隙进行延长，在延长出来的积塑上围合垒高，搭出了瞭望台。

问题1：指挥塔要倒塌了怎么办？

指挥塔越搭越高，突然慢慢倒向一边。教师及时上前扶住，确保了孩子们的安全。孩子们停止了搭建，搬来很多雪糕筒来支撑倾斜的一侧。

解决指挥塔倾斜的问题

分析原因：底座不牢

虽然雪糕筒拯救了指挥塔，但必须找出问题的根源才能从根本上解决倾斜问题。于是教师组织孩子们讨论："你们看一下，这个底座是什么样的?"浩辰说："一个在上面，一个在下面。"这时，孩子们注意到了问题所在：原来是底座没装牢。

发现指挥塔倾斜的根本原因

解决问题：装牢底座

俊宇尝试用手把凹槽拼接处按牢，但是太重了，按不动。

装牢底座

用手不行，孩子们开始寻找工具，几个孩子找来长条积塑，用力把底座敲实，最后两边都平稳了，指挥塔果然恢复直立。男孩们又兴奋又激动，收获了巨大的成就感。

尝试用多种工具装牢底座

问题 2：楼梯不稳容易倒怎么办？

问题解决后，煜林去收走雪糕筒，浩辰开始思考怎么上指挥塔。浩辰动手搭起了楼梯，但搭好的楼梯一踩上去就倒了，哗啦啦的声音吸引了组员的注意，组员们都投入到了楼梯的搭建中。

迁移经验：迁移工具使用经验，解决牢固问题

孩子们想起刚才用的长条积塑，找来长条积塑在两边架住，成功架好了稳固的、可以站上去的楼梯。男孩们的脸上洋溢着成功的喜悦，还喊了老师帮忙拍照记录。

迁移工具使用经验，解决牢固问题

大胆想象创造：可移动的电梯

孩子们觉得有楼梯不够，平时经常坐的是电梯呀！于是他们又迁

移工具使用经验，用长条积塑卡住凹槽来稳固电梯，并将两处凹槽巧妙地变成了可移动电梯。

搭建可移动电梯

航母在孩子们充满智慧的搭建中渐渐成形，教师和幼儿一起回顾、总结搭建过程，幼儿自信满满地分享了搭建时遇到的困难和解决方法，教师也对幼儿的积极探索、积极动脑思考及解决问题的表现给予了肯定和欣赏。

用搭好的航母进行角色游戏

最后，孩子们进行角色分工，兴高采烈地玩起了角色游戏。在航母的启航中，主题活动也渐渐接近了尾声。

表 6-4 "探索稳固经验的迁移现象"教师思考单

问题	观察要点	教师支持	深度学习表现
指挥塔要倒塌了。	幼儿是否能够在持续反思中发现问题解决的关键？	提出问题，引发幼儿思考。	在不断的反思中发现解决问题的关键。
楼梯倒了。	幼儿是否能够主动发现问题并尝试解决？	提供情绪价值。	主动发现问题，迁移已有经验，创造性地解决问题。

四、主题脉络及幼儿发展

"小船启航"主题的选择源于幼儿一次日常讨论中生发出的兴趣点，在尊重幼儿的兴趣开展活动的过程中，又生成了关于航母的探索活动。纵览整个主题历程，是两条线并行的，预设线是：船的种类→船的结构→船的发展史→设计制作小船→改造小船→小船启航；生成线是：航母的结构→航母的角色→搭建航母→航母启航。

幼儿的能力与经验也在生成活动中获得了发展。

1. 了解了船的种类和用途、航空母舰的结构和人员角色等；

2. 能主动思考问题和解决问题，将习得的经验迁移到新的挑战中；

3. 能与同伴分工合作，共同完成搭建任务；

4. 能根据经验大胆想象与创造，在动手创作中获得成功体验，增强自信心。

五、教师支持策略

本次活动中，教师运用了三种策略支持幼儿的学习与发展，下面分别阐释这三种策略。

1. 积极倾听、回应

当船模引起幼儿的激烈讨论时，教师用心倾听，捕捉到了幼儿的兴趣，将幼儿对船的兴趣向有益的学习经验转化，让幼儿了解了不同种类的船；当教师发现幼儿对航母的探究欲望时，积极回应了幼儿对航母结构与角色的好奇心；当幼儿在搭建过程中遇到困难、寻求帮助时，教师机智回应，给予幼儿思考框架，激励幼儿仔细观察、思考，进行经验和知识的迁移与应用。

2. 创设问题情境

通过设置问题情境，教师向幼儿提出了新挑战，引发幼儿解决新问题，为幼儿经验的迁移与应用创造机会，帮助幼儿通过生活经验支架、他人经验支架、自己反思结果支架进行探索与调整。例如在搭建船体时，教师把握幼儿的最近发展区，提出有什么办法能让木块不掉的问题，通过支架支持幼儿进一步探索重量与平衡的关系。

3. 把握介入时机

在活动过程中，教师不提前干涉幼儿的试误行为，但时刻观察游戏的进展。当发现幼儿搭建船体的平衡建构技能不足、未注意到滑翔道的外形问题、对指挥塔倒塌的原因反思不够深入时，教师适时介入，给予幼儿恰当的支持，推动游戏进展和幼儿建构经验水平的提升。

六、主题评价与反思

（一）评价

"小船启航"主题源于孩子们对船模的兴趣，教师在了解幼儿关于船的已有经验的基础上，以幼儿的兴趣、需要为起点展开预设活动，同时关注、支持幼儿生成的兴趣，最后生成了关于航母的游戏活动。无论是预设活动还是生成活动，看到孩子们在改造小船和搭建航母等活动中一步步克服困难，获得成功的体验，越来越自信地应对问题，主动迁移经验解决新挑战，同伴合作越来越有凝聚力，教师由衷地为幼儿的成长感到骄傲。

（二）反思

首先，幼儿的学习是通过直接感知、亲身体验、动手操作来获得对事物的经验的，航母虽是幼儿生成的兴趣，但由于现实生活中可利用的航母教育资源不多，尽管教师收集了有关航母的图片、视频、图画书提供给幼儿，但幼儿仍无法直接感知和亲身体验真实的航母，导致对航母的探索不够深入。

其次，幼儿的创造性思维离不开材料，丰富多样的材料也能为幼儿营造游戏情境，帮助幼儿更沉浸于活动，获得深刻的情感体验。本次航母启航活动中，幼儿的材料、道具不够丰富，今后活动中需注意：一方面要为幼儿提供充足的道具材料，打造游戏情境；另一方面，可以发动家长资源，与幼儿共同收集角色扮演所需的材料，或鼓励幼儿自己动手制作游戏道具，幼儿自己制作、收集的材料更易引发他们的创造力。

七、案例点评

该案例较为详细地展现了课程是如何随着幼儿的兴趣由预成走向生成的。在本案例中，我们将主要从幼儿的深度学习是否发生、教师如何通过观察与评价支持幼儿的深度学习这两个方面对案例进行分析。

首先，案例中幼儿是否发生了深度学习？对这一问题进行回答的前提是要对幼儿深度学习的概念、特点及发生条件有初步的了解。我们知道，幼儿深度学习之"深"不在于知识的复杂、内容的繁多，而在于学习的动机、学习的发展、学习的探究、学习的迁移等，这其中实际上已经暗含了深度学习的重要表现以及发生条件，我们可以感受到案例中是存在深度学习的。幼儿的学习发生在一日生活的每时每刻，教师的重要作用之一是捡拾幼儿散落的学习经验，并将其有序地组织起来。从该案例中，我们可以感受到课程的脉络，即便是生成的部分，也并非任由其随意发展，教师对幼儿的学习或课程整体的走向是有掌控的，那么钥匙是什么呢？我想是幼儿学习经验的连续、问题解决的导向、学科知识的逻辑，案例中的教师较好地兼顾了这三者，从而促发幼儿的探索走向深度学习。具体来说，解决"怎么让小船顺利启航"的难题促成了"研究共同体"的形成，在问题的驱动下，教师和幼儿围绕"问题"开展一系列深入的探究。教师沉浸其中但也掌控全局，对幼儿解决问题所需的必要经验以及学科知识进行必要的补充，以支持他们顺利地进入下一阶段的学习。当然，这一过程的顺利过渡离不开教师对幼儿学习经验的了解，提供必要的支架保证幼儿经验的连续性是走向深度学习的关键。

其次，案例中，教师是如何通过观察与评价支持幼儿的学习走向深度学习的？**其一**是通过观察发现幼儿的兴趣。幼儿深度学习是在问题或兴趣等内在动机的驱动下展开的一系列探索，兴趣是导火线，一旦被点燃，幼儿的学习就被触发。在案例中，教师对幼儿兴趣的关注与捕捉是值得我们学习的，从幼儿书包里的一个船模开始，随着主题的拓展，开始了对航空母舰的深度探究。这样的探究很有价值，体现在幼儿的兴趣不是转移而是延续，幼儿的学习经验没有中断而是在对新事物的探索中再度丰富和提升。**其二**是通过观察确定核心问题。案例中，幼儿的学习能够连续且深入的发生，很大程度上是因为教师能够准确地把握幼儿所感兴趣的核心问题，并能够将大问题（具有挑战性的问题）分解为幼儿可以理解并通过努力能够解决的小问题。要做到这一点，离不开教师对幼儿发展水平以及对解决问题所需要的学科知识的了解，这两个缺一不可。案例中的教师在这个方面的观察是很细致的，表现为教师对幼儿现有的学习经验是清楚的，并能够根据问题解决的需要为幼儿提供适合的学习材料和支架，恰到好处地帮助幼儿平稳地过渡到下一阶段的学习。**其三**是通过观察明确幼儿的经验。

当教师能够看到幼儿当下的发展水平时，也就意味着他们看到了幼儿未来发展的可能。对于教师来说，不管是预成还是生成的课程，都是在幼儿经验基础上的设计，区别在于一个是基于理论上的幼儿，一个是基于现场真实的幼儿。不论是二者中的哪一个，对幼儿经验的认识都是教师支持幼儿持续走向深度学习的基础。在案例中，我们可以明显感受到教师对幼儿的学习走向深度的适切支持，无论是默默地观察还是点睛的评价与引导，都基于教师对当下幼儿经验的真实了解。

总体来说，案例中的教师展现了课程设计者的形象。课程是一个动态的过程，教师基于对幼儿的观察与分析适时调整了教育行为。这不仅反映了教师对教育现场中幼儿的高度关注，同时也展示了这种关注对推动教育实践的巨大力量与积极影响。

（案例提供：广州市番禺区沙头街中心幼儿园

成秀玲　余慧雅　赖秀婷）

案例三：区域活动"有趣的滚动"（大班）

一、区域活动背景

《幼儿园教育指导纲要（试行）》指出，应该全面开发、利用丰富的教育资源，为幼儿的全面发展创造良好的条件。在我园，有一处绿草茵茵、有一定坡度的大草坡，草坡上投放了一些开放、自由的游戏材料。孩子们对这个天然的大草坡有着强烈的探究欲望和兴趣，他们兴奋地在大草坡上尝试不同的游戏，几个小伙伴一起从草坡的上端爬下来、坐着滑草板从溜溜布上滑下来，拿各种材料在大草坡尽情玩着自己的游戏，玩得不亦乐乎。他们都说在大草坡游戏是他们最快乐、最喜欢的事情。

二、区域活动观察实录与幼儿深度学习评价

（一）区域活动第一阶段：从单一轨道到组合轨道

1. 单一轨道

户外时间到了，佑佑、萌萌等几个孩子来到大草坡，将 PVC 管在坡上进行平铺连接，形成一条近似"一"字形的轨道。然后他们在坡底摆放了一个滑雪圈，作为球洞，把 PVC 管的一端架在洞口上。萌萌在坡顶将手中的木球放入 PVC 管的一端，单手轻轻一推，木球径直滚到坡底，落入洞内。佑佑喊道："进球啦！"一旁的其他幼儿们也拿着各种各样的球纷纷加入了游戏。结果，有的小球能落入洞中，有的小球会直接掉落到地面上或撞飞出球洞。由此，幼儿们对搭建轨道产生了浓烈的兴趣，他们在教室里的建构区和户外都自发地搭建起轨道，玩起了小球进洞的游戏。

普通轨道搭建

2. 组合轨道

为了丰富幼儿的搭建经验，提升搭建水平，教师为幼儿提供了相关游戏视频和多米诺骨牌等材料，以丰富幼儿的游戏经验，提升搭建技巧。幼儿开始利用各种材料在室内外搭起建造型丰富、富有挑战性的各种组合轨道。

单行式滚动轨道　　　　平行式滚动轨道　　　　交叉式滚动轨道

室内组合轨道搭建

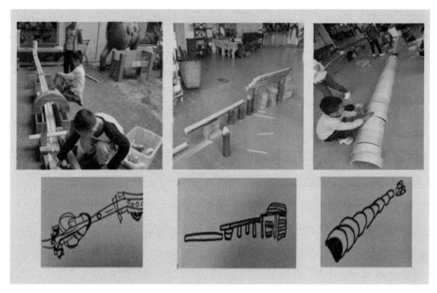

并行式轨道　　　　　　弹跳式滚动轨道　　　　　　隧道式轨道

室外组合轨道搭建

第一次评价： 教师运用定点观察法、追踪观察法等，对幼儿的初步探索进行了观察。教师发现，在这一周的区域活动时间和户外自主游戏时间，幼儿均自发地运用 PVC 半管、积木、竹筒等材料搭建了滚动轨道。幼儿对搭建轨道兴趣浓厚，从在草坡上随意造型的单一轨道搭建，到逐步探索更为复杂的组合轨道搭建，这个过程中，幼儿关注到了以下几个问题并进行讨论和探究。

表 6-5 关于小球滚动的探究

关注问题	儿童讨论	结论
为什么球从坡上滚到平地上还会滚动一段距离?	1. 可能因为球是圆形的。 2. 球离开了轨道，但是速度还是很快，不能马上停下来。 3. 地上太滑了。 4. 因为球滚下来的时候，离开轨道时，有一定的速度了。	**惯性的力量** 1. 当球滚到平地上时，因为惯性的作用，它将继续向前滚动，最终因为地面的摩擦而停下来。 2. 与生活中的一些现象一致，比如：飞机降落时，车突然刹车时，骑自行车不踩踏板时。
球在下坡过程中遇到上坡的轨道，为什么还能继续滚动而不是停下来呢?	1. 球下坡的速度很快，就可以冲上去。 2. 球滚动的时会继续保持这个力，继续滚动向前。 3. 球下坡的时候冲击力很大。	**保持惯性** 1. 球滚动的时候会保持惯性，会继续向前滚动。 2. 动能向重力势能转换。
同样材质的大球撞到小球，为什么大球停下来了而小球滚动起来了?	1. 因为大球比小球大，把能量传给小球了。 2. 它们撞在一起了，就像人走路的时候没有看到，两个人都会摔倒。	**动能的传递** 因为在大球撞到小球的过程中，大球把自己的部分能量给了小球，所以小球滚动了起来，而大球慢了下来或停了下来。

（二）区域活动第二阶段：组合轨道到机关轨道

为了丰富幼儿的搭建经验，提升搭建水平，我们向家长发出邀请，请他们与幼儿一起查阅资料，学习各种搭建技巧，提升幼儿的滚动知识和搭建技术。回到幼儿园后，幼儿们进行了展示、分享。其中两名幼儿在和父母查阅资料时发现了曲线轨道和机关轨道，在家进行了反复的尝试，并与同伴分享了这一发现。于是，幼儿们对曲线轨道和机关轨道产生了浓厚的探究兴趣。

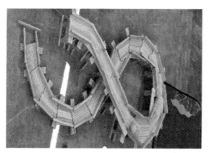

曲线轨道搭建　　　　　　　　　　机关轨道搭建

问题1：如何制作能拐弯的曲线轨道？

随着轨道搭建的不断推进，幼儿不仅将积木和多米诺骨牌结合在一起使用，还将积木、木板、弯管、垫子等多种材料结合起来进行搭建。幼儿将管道平放到草坡上连续拼搭时，轩轩提议比一比，看看哪个轨道上的球快。于是两组幼儿搭建了两条平行的轨道，然后通过实验发现，球在白色管道滚得快，滚到了与操场的交接处，并且球在冲击力的作用下冲了出去，飞射到了操场上。连续操作多次，结果都是球直接飞射到了外面。于是教师引发幼儿讨论："有什么办法可以让球不飞出去呢？"多多说："可以拼接一个拐弯的轨道。"教师借助幼儿收集的高架桥、引桥、S形路线等图片，引导幼儿观察拐弯的轨道并让他们自己寻找适合的材料尝试搭建。幼儿利用透明和白色管道拼搭出了有坡度的拐弯轨道。在寻找可以支撑最高处的管道时，幼儿尝试了轮胎、滚筒，结果发现太高，球下坡的冲击力不够，冲上不这个坡。幼儿观察后提出尝试其他物品，最后幼儿们决定使用地垫进行搭建。幼儿使用弯管拼搭出一个可以连续转弯的轨道，球可以借助下坡的冲击力，顺利从拐弯轨道通过并返回草坡上。幼儿的建构作品出现了从平行到拐弯、从单一到多元的趋势。

会拐弯的轨道

问题2：有哪些机关轨道？

在幼儿分享自己和爸爸妈妈们共同收集的相关机关及机关轨道资料时，幼儿对机关产生了极大的兴趣。教师将调查问卷张贴在区域中，并提供了幼儿所需要的材料，同时也鼓励幼儿自行在室内外搜索材料，设计不同的机关。

最终，经过一系列的实践后，幼儿得出了结论：速度最快的是木板，第二快的是半管道，最后是有螺旋条纹的塑料管道。通过对比，幼儿发现，在同一坡度上，使用不同材质搭建的轨道中，越光滑的轨道滚动的速度就越快，越粗糙的轨道滚动的速度就越慢；在相同材质、不同坡度的轨道上，坡度越高，滚动的速度越快。

问题3：如何搭建会拐弯的机关轨道？

看了滚动机关视频后，4名幼儿决定在户外活动时间搭建机关轨道。幼儿先搭建了一个斜面轨道，然后选择较长的积木作为轨道围栏，再测试球能不能从上面滚动下来。此时，他们发现，球滚下来会把一侧的围栏撞击掉落。多多用短而宽的积木把长的积木替换下来，球可以顺利通过。在轨道的最尾端有用积木堆成的多米诺骨牌机关，撞到积木多米诺骨牌机关后，再撞击积木城堡，掉落的圆锥积木撞击后面的大线轴，就算挑战成功。在搭建多米诺骨牌机关时，地面的草皮凹凸不平，容易使积木不稳，走路的震动和风吹等一些小动静也会让积木倒下，引起连锁反应。此时幼儿们也没有放弃，小心地摆放所有材料，最后成功地让球撞击到了积木机关，顺利到达终点。

会拐弯的机关轨道

第二次评价：教师观察到，在幼儿搭建弯道轨道的过程中，每次遇到新的问题，幼儿都能尝试着相互协商、相互合作，围绕着主题有计划、有步骤地进行轨道搭建，并通过一次次探索尝试，不断调整改进，从而解决问题。在这一探索过程中，幼儿感受到了在不同轨道中球的冲击力、撞击力的不同，同时能参与到小组分析中并提出自己的想法，幼儿的思考能力、问题解决的能力得到极大提升。轨道滚动游戏在幼儿们的不断尝试下越来越丰富、越来越有趣。幼儿作为项目探究的主体，展现了其学习的积极能动性。探究中，教师深入观察，发现问题本质，让幼儿做主角，引导幼儿在动手实践、自主操作中获得关于滚动的经验。活动也把把家长卷入其中，一起探寻关于机关轨道的设置方法，让家长成为助推项目学习的协助者，帮助幼儿发展其观察力、求知欲和自主力等，从而推进幼儿深度探究的进一步发展，这也是非常成功的经验。

（三）区域活动第三阶段：从单个机关到组合机关轨道

问题1：如何设计大型滚动路线呢？

幼儿们经过在室内外的各种坡度探究后，发现坡度、高度、坡面和球的材质对球滚动的速度、方向都有着不同的影响，同时通过家园联动、资源检索，幼儿们又发现了球从动能到重力势能的转换以及动能的传递现象，并对这一现象非常感兴趣。有幼儿提出："老师，我们想要搭建可以让球围绕着幼儿园滚动的轨道。"这一设想的提出引起了其他幼儿的共鸣："对对对，老师，我们做一个很大很大的轨道，超级酷。""就像视频上的一样。"教师抓住契机追问："想搭一个怎么样的轨道？在哪里搭？如何搭建呢？""可以在操场上用积木来搭建。""用管道。""用轮胎。"教师继续追问："可是，小朋友们要在操场上做操可怎么办呢？"俊俊说："可以在他们晨谈的时候去搭建呀！"激烈的探讨后，教师支持了幼儿的这一设想，并根据幼儿们的选择进行了分工、分组，组建了搭建组（按小组内容搭建）、协助组（帮助拿取材料）、管理组（提醒小朋友请勿触碰轨道）、测试组（测试球在轨道上滚动的流畅性）。突然有个男孩提出一个问题："幼儿园那么大，我们从哪里开始呢？搭建到哪里才算完成呢？"教师把这个问题抛给幼儿们。幼儿们都有自己的见解。教师鼓励幼儿把路线图画下来，并说一说为什么要这样设计。

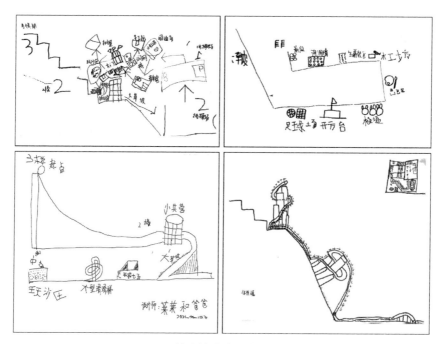

幼儿的路线设计图

问题 2：如何让球在平地上滚动得更远呢？

路线图设计好了，需要哪些材料呢？协助组根据前期在户外积木区搭建的经验及现场摸底考察后得出如下需要：积木、PVC 管、水管、小楼梯、垫子、滚筒等。接着又生发出新的问题：球球在平地上滚动一段距离就停了下来，如何让球在平地上（操场）滚动得更远呢？幼儿们结合已有经验和园内的材料进行设计联动机关，加入了滚筒机关、撞击机关、多米诺骨牌机关等，让球在平地上滚动得更远。

在不断尝试中，为了让球能顺利到达终点，幼儿最终选出了便于操作且成功率较高的三种机关（见下图），并把这几种机关进行联动设计。

| 遥控式机关 | 滚筒撞击式机关 | 撞击式机关 |

准备就绪后，幼儿们兴致勃勃地开始了第一次尝试，可进行到一半，因小班幼儿出来做操导致搭建中断。第一次搭建中遇到了如下问题：场地使用、时间、机关位置、同伴配合等，并形成一个问题表（见表6-6）。

表6-6 搭建滚动轨道时遇到的问题

名称	遇到问题	解决方案	结果
时间及场地问题	9：50—10：20其他班级的小朋友出来做操，占用了场地	和小班小朋友商议，调配时间及场地	小班小朋友愿意调配
机关的位置问题	设计机关及机关的位置离得太远	调控距离，反复尝试	成功解决
配合问题	搭建轨道期间，小朋友会从中间管道经过，导致管道被挪位，球不能顺畅滚动；不断有小朋友去测试，耽误搭建	搭建过程中小朋友从轨道旁边经过；全部搭建完成后再进行测试	配合完成

高潮事件：建造大型轨道，汇报项目成果

接下来，幼儿们对发现的问题进行了沟通和解决，然后进行了第二次尝试。当球出发时，幼儿们追着球兴奋地跑着，看到最后多米诺骨牌拼成的爱心全部倒下时，幼儿们兴奋地跳起来高呼："我们成功了！我们成功了！"他们开心地和伙伴拥抱在一起，迫不及待地和旁边的老师分享他们的喜悦。

联动复杂机关的滚动探究场景

第三次评价：在"有趣的滚动"项目中，幼儿在探究单轨道的多样玩法时，通过提升叠高技巧、调整高度来发现滚动和轨道斜面高度之间的关系。在探究组合轨道中，幼儿运用平铺、围合等技巧，通过连接轨道、消除缝隙、重叠轨道，使交叉连接变得多样，使圆形、半圆形轨道在弯道上实现无缝连接。当轨道之间有缺口时，幼儿会利用缺口距离和轨道坡度来设计台阶跳跃、多层进阶轨道。在探究机关轨道中，幼儿通过"开关""弹跳""摇摆""阻挡"等技术，挑战了更高层次的轨道设计工作。幼儿透过探索发现，势能可以转换为动能，从而产生了科学探究的兴趣。教师追随幼儿的兴趣，提供了丰富多元的材料、空间等，以问题为导向，引导幼儿自主探索解决问题、迁移经验，在探究中生发深度学习，推进项目升华。幼儿在活动中体验到成功的喜悦并获得自信心。在整个轨道的探索中，涉及了一系列数学、科学、技术、工程知识，幼儿收获了数学、科学、技术、工程等方面的发展。

三、区域活动思考与反思

《3—6岁儿童学习发展指南》指出，"幼儿的科学学习是在探究具体事物和解决实际问题中，尝试发现事物间的异同和联系的过程"，这一过程是幼儿们有意义的学习过程。滚动项目持续了一个多月的时间，幼儿的参与度高，热度持续时间长。我们可以看到深度学习的多种特征：学习者的积极主动、真实的问题解决、已有经验的运用、新经验的获得与迁移、批判与反思、内容与现实世界的联系、对有关概念（重心、平衡、对称等）和原理（动能的传递、惯性）的建构与理解等。幼儿获得了理想的发展，教师的支持能力也不断提升。

1. 区域活动中幼儿的发展

（1）认知发展：能根据观察到的滚动现象，结合已有的经验进行合理的推论；通过实验操作验证自己对滚动的猜想；能在实验过程中发现滚动与物体之间的关系。

（2）能力发展：在活动中幼儿可以协同配合，共同设计轨道，并通过记录、表征等方式，了解滚动的物理知识；能描述滚动过程中的发现；能叙述斜面滚动的发现及遇到的问题；可以用图画、数字或其他符号记录；能大胆表达自己在观察中的发现；能与他人合作交流，倾听和评价他人的观点。

（3）情感发展：在游戏中，能一次一次地试误，调整搭建的轨道；可以坚持、勇敢、不怕困难和主动，以乐观、积极的态度完成游戏。

2. 区域活动中教师的支持

（1）环境材料的支持：在整个游戏过程中，整合了园内的相关资源，如滚珠积木、多米诺骨牌、普通积木、软积木、PVC管道、塑料水管、木板、拉力袋、不同材质的球、攀爬绳、滑草圈、鱼骨架、大线轴、木制轨道、假花、地垫等。

（2）游戏空间也随着幼儿的游戏需要自由调换，但都集中在幼儿园空间较大的场地，如大草坡、滚动区、前庭区、积木区等。

（3）为支持幼儿们的游戏，在班级的科学区也投放了相关游戏材料，如滚动过山车、自动轨道等；在积木区增加了玩滚动游戏需要的搭建支持材料，如不同大小的球、积木、多米诺骨牌等。

（4）师幼互动的支持：教师在游戏中以有效的师幼互动来支持幼儿的游戏往更高水平发展，支持幼儿自主选择游戏材料、玩伴，观察记录幼儿的游戏，倾听幼儿的声音，捕捉幼儿的兴趣点，积极回应幼儿的想法，通过"平行游戏""开放性问题""引发讨论"等方式拓展幼儿的游戏。

（5）在日常活动中，教师及时发现可探究的问题，通过开展有价值的项目活动，让幼儿在参与过程中获得深度学习的品质。教师相信幼儿是主动的、有能力的学习者，在游戏活动中，教师耐心等待、善于观察，发现幼儿活动中有价值的内容就及时给予支持，利用提问及对话推进游戏的进一步发展。在游戏中，教师看见了幼儿的需求、幼儿的发展及幼儿的游戏。

四、区域活动案例点评

（一）为教师赋能

1. 有效的园本教研

有效的园本教研是促进教师专业成长非常重要的路径之一。在这所幼儿园，园长以教研为抓手，支持并助推活动的开展。在活动中，幼儿针对如何让球在平地上滚得更远这一问题，提出了用轨道机关来提供动力的解决方法。但由于教师的知识储备不够，未能及时支持幼儿的探索，以至于幼儿屡次尝试都未能成功。在教师遇到瓶颈的时候，园长和教学管理者及时为教师"垫砖"，召集骨干教师形成研究小组，通过资源检索、专业书阅读、录像回放、小组研讨等方式，帮助教师厘清将活动向深入推进的策略和路径。聚焦教学活动中的"真问题"，是该园利用园本教研支持教师专业成长的核心。

2. 有意义的课程审议

在每个活动开展的过程中，幼儿园至少会组织三次课程审议，有前审议、中审议、后审议，为课程把脉，为教师赋能。前审议主要是研内容、研幼儿、研资源，通过审目标、内容和路径来帮助教师厘清思路、整合资源，助推活动的高质量开展。在活动开展过程中，对教师发现的由幼儿新的探究兴趣而生成的新探究内容进行不定期的中审议，从而重构项目网络图。如：当在运送材料过程中幼儿对斜坡产生了兴趣，通过审议，班级教师以开展小组探究并分享探究结果的方式让其他幼儿获得了相关经验，并对经验进行迁移和运用。最后，通过后审议对整个活动开展过程进行复盘，教师以课件、视频等方式进行汇报、分享，幼儿园收集、汇总所有资料，形成资源包，收录进幼儿园园本课程资源库。

（二）为教师赋权

1. 一日生活的自主性

在此案例中，可以看到幼儿有大量的时间都在户外各个场地进行探究。为了最大限度地支持幼儿的深度学习，幼儿园为教师赋权。在保障幼儿两餐间隔 3.5 小时、户外活动 2 小时的情况下，把安排一日生活的自主权交给教师，班级教师有权利选择户外活动场地，有权利延长幼儿在户外探索的时间。这样的自主权，给了探究最实际的时间、空间的保障，也体现了教师和幼儿双主体的地位。

2. 教育活动的生成性

"幼儿在前、教师在后"的探究需要教师有一双敏锐的发现课程的眼睛，需要教师及时捕捉教育契机，生成教育活动。在此活动中，我们能看到很多生成性的教育活动。如轨道机关的搭建，是教师发现幼儿在班级积木区和在家里尝试搭建有机关的轨道，从而生成的系列探究活动。幼儿在幼儿园的任意场地都在探索如何搭建出一个有创意的机关轨道。教师始终追随幼儿的兴趣，及时捕捉有意义的探究点，通过调整环境、投放材料、师幼互动等方式支持幼儿的深度学习。

3. 家长家园联动

（1）和家长实时互动

教师以家长会为切入点，引导家长感知幼儿在活动中的状态，感受幼儿自主选择游戏材料和伙伴、自发设计游戏带来的喜悦。班级教师每天通过家长群发送幼儿活动开展的进度视频，和家长保持紧密沟通，实时互动，让家长了解活动开展的进度。通过视频，家长们看见了幼儿自主解决问题、勇于挑战、乐于尝试等良好的学习品质，并惊讶于幼儿无穷的潜力及教师润物无声的支持和陪伴。

（2）鼓励家长参与活动

在活动中，家长的关注度和参与度都非常高，家园同步与幼儿共同发现问题，通过多种途径寻找策略，以此解决问题，如查找网络资源、实地参访、购买游戏材料在家里进行机关轨道搭建等，从而推动幼儿向更高、更难的游戏发起挑战，使幼儿的游戏向更高水平发展，也使活动向深度推进。由此可见，家园联动也是助推幼儿深度学习的重要因素之一。

（案例提供：深圳市龙岗区龙城街道新天地幼儿园

王秋苑　苏　婷　张慧慧）

案例四：项目活动"太阳能"（大班）

一、项目活动概述

1. 活动背景

开学初，班级调整区域环境时创设了科学区，区域里的一份电子积木吸引了幼儿的注意。幼儿在与电子积木的互动中掌握了基本的电路连接，有了电池正负极的操作经验，同时，也了解了电产生的方式。当幼儿听到熟悉的太阳也可以发电的时候，他们就产生了强烈的好奇心，并立刻拿着区域中的电子材料去阳台上进行暴晒。晒了一天后，他们对材料进行仔细观察，发现电子材料并没有产生电，幼儿对此产生了很多疑问。带着好奇心，他们开启了关于太阳能的项目探究活动。

与幼儿讨论之后，形成了如下项目开展思路。

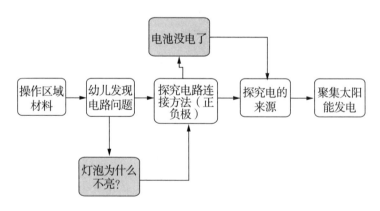

项目预设思路图

2. 支持性环境

幼儿园环境 幼儿园在户外安装了太阳能路灯，在教室的多个区域投放不同层次的太阳能材料：科学区——太阳能板、电线、小灯泡、电子积木、电路连接、小型发动机、记录单等；美工区——太阳能板、电线、小灯泡；图书区——与电力相关的图书。教师将幼儿的探究过程记录下来，帮助幼儿梳理经验，并以海报的形式进行表征，粘贴在教室的墙壁上，帮助幼儿回顾经验、建构经验。

教师通过观察幼儿与材料的互动，提供低层次的操作材料、相关图画书、材料记录单等支持幼儿的探究活动，及时帮助幼儿梳理建构经验。

社区环境 与幼儿一起寻找身边的太阳能产品，通过调查、参观等方式来探索太阳能产品是如何运作的。

家庭环境 收集太阳能的相关资料，支持幼儿开展探究。

二、项目的观察与评价

1. 第一阶段：了解太阳能发电

通过前期的电路探究，幼儿对电路的基本连接方法有了一定的经验，但是对太阳能发电还不了解。于是，教师鼓励幼儿与家长共同查找资料，让幼儿在家查找太阳能的相关知识，并鼓励幼儿以思维导图的形式记录下来，带回幼儿园，与小伙伴分享自己的知识经验。

幼儿在调查中了解了用太阳能发电的概念，以及太阳能发电所需要的环境条件和物理材料。

当幼儿对太阳能发电有了一定的了解后，教师为幼儿提供了太阳能板、电线、小灯泡等材料，在小组活动时间鼓励幼儿与材料互动，进行操作，支持幼儿进行太阳能发电连接的探究。

第一次尝试：幼儿根据前期电路连接的知识经验，开始对太阳能发电材料（太阳能板、电线、小灯泡）进行电路连接。当完成连接后，幼儿自主检验连接成果。在检验过程中，幼儿发现有一份太阳能发电材料连接成功了（小灯泡亮了），而有一份太阳能发电材料的连接却失败了（小灯泡没有亮）。

教师观察到幼儿的这个问题后，就向幼儿提问："为什么同样的材料，有一份成功了，而有一份却不成功呢？"引导幼儿主动观察连接成功的材料与连接失败的材料，通过对比分析找出答案。

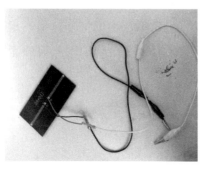 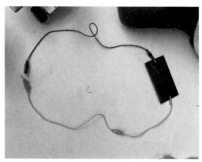

连接成功　　　　　　　　　　　　连接失败

于是，幼儿现场进行了对比分析。

幼儿1：小灯泡上由两根铁针连着，有一根长了。

幼儿2：不成功的太阳能板后面有黑色的胶布。

幼儿3：没有连接成功的太阳能板，它的正面是反过来的。

幼儿将连接失败的太阳能材料与连接成功的材料进行对比后发现，连接失败的太阳能板是背面朝上，后面还有黑色的胶布。幼儿认为这可能是连接失败的原因。

第一次评价：幼儿积极主动地操作，失败后能分析问题，并能够通过对比找到问题的症结，已经进入深度学习的状态。

第二次尝试：有了自己的猜想后，幼儿开始重新对太阳能材料进行连接，尝试验证自己的猜想。幼儿将小灯泡两头的导电口长的那端连接正极线，短的连接负极线，再将太阳能板的正面朝着阳光，让太阳能板吸收到能量。最终，幼儿成功地将太阳能材料的电路连接了起来，验证了自己的猜想。

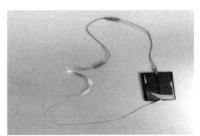

幼儿尝试连接太阳能 太阳能板连接成功

幼儿通过现场的对比分析和多次实践探究，发现了解决问题的关键：小灯泡有两根铁针（导电口），长的铁针需要连接正极，短的铁针要连接负极；黑色的胶布属于绝缘体，会阻断电流，所以需要把胶布撕掉；太阳能板必须正面朝着阳光才能产生电力。

幼儿集体分享了掌握到的太阳能材料连接经验，达到经验共享的效果。同时，教师在科学区投放了太阳能连接材料以及太阳能半成品玩具，鼓励更多幼儿进入科学区与材料互动，对太阳能发电进行探究。

第二次评价：幼儿根据找到的原因积极解决问题，并总结了解决问题的关键，反映出他们已具备一定的高阶思维能力和进行有意义学习的能力。

2. 第二阶段：探究太阳能发电材料

（1）提问—猜想—验证—总结

现阶段，幼儿对太阳能发电的经验还只是停留在阳光可以发电层面上，当幼儿观察到太阳能材料可以在没有阳光的教室里产生电力时便产生了疑问："太阳能发电不是用阳光吗？为什么在教室里也能发电呢？"教师分析认为，幼儿已经熟悉了太阳能材料的连接方式，他们对这份材料的关注点开始转移，这正是让幼儿进行深度学习的关键契机。

关注到这一学习契机之后，教师及时组织幼儿进行集体讨论："除了阳光可以使太阳能板发电，还有什么可以使太阳能板发电？"用问题发散幼儿的思维，支持幼儿通过实际操作验证自己的猜想，激发幼儿更强烈的探究欲望，并鼓励幼儿主动记录自己的探究过程。

幼儿自由猜想其他可以发电的物体：台灯、电视、紫外线、汽车大灯、房间的光等。

教师投放各种材料支持幼儿对猜想进行验证，并投放记录单供幼儿记录实验结果。

幼儿的记录单   幼儿利用汽车大灯进行实验

幼儿针对实验结果进行了分析讨论。

幼儿1：不只有阳光可以发电，其他的光也可以发电。

幼儿2：我用电视的光实验了，不可以发电。我怀疑是那个光太弱了。

幼儿3：我用手电筒贴在太阳能板上照，没有亮，但拿开拉远之后就亮了。

幼儿4：我用了妈妈车上的大灯，那个光线很强，太阳能的灯也特别亮。

幼儿又在幼儿园医务室（检查口腔的手电筒）、教室（室内灯、电视光、紫外线灯）、家里（冰箱灯、电脑灯、手电筒、手机灯）、停车场（汽车大灯）多个地方进行了太阳能发电实验，并将过程记录了下来。教师每次都及时组织幼儿分享，讨论自己收集到的信息，这个环节不仅能给予幼儿成就感，激发幼儿的探究欲，还可以有效地帮助幼儿梳理新获得的知识经验。通过实验，幼儿了解到，光线越强，太阳能产生的电力就越大；光线越弱，太阳能产生的电力就越小。

教师尽可能地为幼儿设置适宜的问题情景，鼓励幼儿利用已有经验进行大胆地猜想和假设，并通过操作活动来验证。在这个过程中，幼儿或独立进行，或与同伴合作，不断用观察到的新现象强化、丰富和调整原有认识。教师组织幼儿讨论、分享所得到的新经验，帮助幼儿将新知识和旧经验联系起来。

第三次评价：持续探究之后，幼儿发现了新的问题："太阳能发电是用阳光发电吗？为什么在教室里也能发电呢？"教师积极回应，并顺势提出了问题："除了阳光可以让太阳能板发电，还有什么可以使太阳能板发电？"引导幼儿讨论和探索，发现太阳能发电的秘密。这一探索非常难得，是深度学习的结果，教师的支架式教学也非常成功，能够通过引领幼儿讨论并提供材料来支持幼儿的深度学习。

（2）创作—探讨—作品展示

● **幼儿自主创作**

幼儿每天都会去科学区探索太阳能发电材料，并开始尝试自主拼接太阳能半成品玩具，进行游戏。有了前期的经验，这更加点燃了幼儿的探究激情。

教师关注到幼儿对太阳能半成品材料有着浓厚的兴趣后，又在班级美工区投放了太阳能发电材料，为幼儿创设一个开放性的环境，以支持幼儿的深度学习。有三名幼儿在美工区合作制作了一架安装了太阳能的战斗飞机。

第一个太阳能作品在班级诞生了，它吸引了班级每名幼儿的关注。教师在区域回顾时间向幼儿提问："你想用太阳能材料制作什么作品？"这个问题激发了幼儿的思维，同时也培养了幼儿的具象思维能力。幼儿开始设计自己想要制作的作品。随着制作环节的加入，前期对该项目并不太感兴趣的女生也开始进入科学区，尝试连接太阳能材料。在安装太阳能的过程中，有些后加入的幼儿也会向项目组的幼儿寻求帮助。

幼儿在美工区画设计图、选材料，利用各种工具制作太阳能作品。在几天的时间里，教室里就出现了室内灯、台灯、安康鱼、房子、路灯、发光的汽车、飞机、一号村子、太阳能马路等具有想象力的太阳能作品。教室的每个角落都摆上了幼儿的作品，幼儿对太阳能制作的兴趣也在持续上升。

幼儿作品《太阳能马路》　　　　幼儿作品《一号村庄》

• 幼儿提出问题——电力储存

两个星期后，幼儿制作太阳能作品的兴趣开始逐渐褪去，这时便有幼儿提出了自己的困惑："太阳能作品一到黑的地方就没电了，灯也不会亮了，这怎么办？"于是，幼儿产生了新的问题："太阳能板不储存电怎么办？"教师关注幼儿的想法，及时回应幼儿的问题，以小组讨论的形式讨论解决方法。

幼儿1：拿手电筒一直照着。

幼儿2：放在一个很亮的而且一直不会黑的地方。

幼儿3：装一个储电的机器。

幼儿4：把太阳能板的电充到电池里去。

在幼儿讨论的过程中，有幼儿通过生活经验想到自己家里有可以储存电的电池。经过讨论，幼儿决定把太阳能板的电充进电池，让电池起储存电的作用。教师根据幼儿的想法提供了充电池、电线、电量检测器等材料，支持幼儿的深入探究，同时也提供了小型发动机，丰富幼儿后续的作品创作以及探究内容。

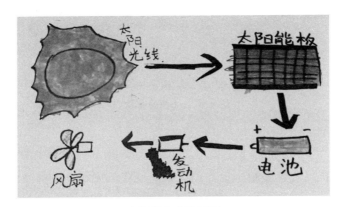

太阳能充电设计图

加入新材料后，幼儿开始自主尝试对材料进行连接，有的连接成功了，发出阵阵欢呼声；有的则失败了，开始不断寻找原因。教师请幼儿观察两组不同的结果，一对比，就有孩子说："我知道了，我们用的是太阳能板，他们用的是太阳能电池！"幼儿结合前期的探究经验分析认为，太阳能板离开阳光就无法产生电能；而太阳能电池可以储电，即使没有阳光也能提供电源，所以风扇能动起来。

幼儿解决了电力储存的问题之后，开始将太阳能电池和小发动机加入太阳能作品中。有了新材料的加入，幼儿的创作进入第二个高潮，幼儿开始尝试利用发动机的旋转，自主使用胶枪等工具，制作了会动的风扇、风车、摩天轮等作品。

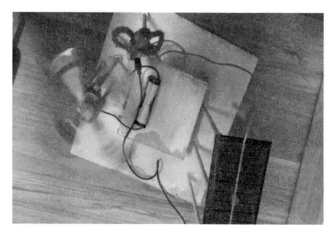

幼儿作品《信号基地》

经过一个月的作品创作，教室里已经摆满了幼儿的小型作品，这时他们又提出了想要制作更大的太阳能城市的愿望。教师鼓励幼儿对幼儿园进行实地考察，寻找适合摆放太阳能城市的场地。幼儿通过实地考察，最终决定在幼儿园的大厅展示太阳能城市。决定好场地后，幼儿开始了整体的设计规划，并根据每名幼儿的兴趣进行分组制作。在这个建造太阳能城市的活动中，班级有80%的幼儿参与其中。分好小组之后，小组成员会对自己负责的区域再次进行规划设计并分工合作。此项大型创作持续了两个星期。创作完成后，幼儿按之前设计好的规划图在大厅布置太阳能城市，在这个过程中，幼儿得到了极大的成就感，对科学探究有了更加浓厚的是兴趣，也感受到了科学领域更多的可能性。

第四次评价：在幼儿深度学习的过程中，问题不断递进，驱动性越来越强，教师引导幼儿发挥其主体性，幼儿发现问题、解决问题的能力不断提升。在这个阶段，他们所探索的太阳能储能方法以及建设一个太阳能城市的想法大胆而极具创新性，思维不仅属于高阶水平，而且具有了创新性和宽广的视角，前期深度学习的学习品质和探究能力也迁移在了新的探究过程中。

3. 第三阶段：安装太阳能灯

在户外活动时，幼儿园的两只小猪吸引了幼儿的注意。在教师与幼儿交谈的过程中，幼儿提出想要为小猪的房子安装太阳能灯的愿望。幼儿觉得，天黑后小猪的房子里黑漆漆的，他们想要利用自己所学到的知识来帮助自己喜爱的小动物。教师关注到幼儿的情感需求，为幼儿提供了探究的材料以支持幼儿的活动。

幼儿产生了为小猪的家安装太阳能灯的想法后，对小猪的家进行了实地考察，并画出了设计图。然后幼儿分工合作，在幼儿园的室内外寻找需要的材料及工具，尝试点亮小猪的家。

幼儿进行实地考察

小组讨论如何安装

幼儿绘画设计图

幼儿寻找工具

完成了前期的准备工作之后，幼儿开始安装太阳能灯。幼儿反复对比设计图，并分工合作用太阳能灯将小猪的家围起来，再使用毛根、胶枪、透明胶带等工具去固定太阳能电线。在不断地尝试中，幼儿分工合作完成了太阳能灯的安装。

幼儿对比设计图

安装太阳能灯

反复加固

安装成功

第五次评价：这个过程的探究焦点是如何为小猪的家安装太阳能灯，这是一个迁移应用自己所学的过程。教师把握住了这个问题，相信幼儿并激励幼儿自主探索，同时提供材料给予支持，终于让幼儿获得了成功。幼儿不仅让小猪家里充满了光明，也应用了对太阳能的理解和制造太阳能灯的探究成果，体现了深度学习情感性和迁移性的特点。

三、项目活动的评估与反思

　　教师对幼儿的观察与评价是教师支持幼儿深度学习的必要前提。在本项目活动中，教师的观察起到了至关重要的作用。教师敏锐地捕捉到了幼儿对电子积木的兴趣以及他们对太阳能发电的好奇，这是活动发起的原点。在活动过程中，教师持续观察幼儿的操作行为、合作互动以及问题解决策略，特别是注意到幼儿在第一次尝试太阳能发电失败后的反应，关注到他们是如何分析问题、提出假设并再次尝试的。这种细致的观察帮助教师理解了幼儿的学习状态和学习需求，为后续的支持和引导提供了依据。然而教师观察需要的是教师丰富的教学经验和学科知识，案例中教师为了应对孩子们生成的问题，为幼儿准备了太阳能发电所需要的材料，提前查找有关太阳能的资料，为自己的探究活动做好知识储备。

　　基于教师观察的评价贯穿整个活动过程中。在评价幼儿的学习成果时，教师不仅关注他们是否掌握了太阳能发电的基本知识，更重视他们在探究过程中的表现，如是否积极主动、能否分析问题并解决问题、是否具有合作精神和创新意识等。这种评价方式有助于全面了解幼儿的发展状况，为后续的教学提供有针对性的指导。同时，教师还通过集体分享、作品展示等方式，让幼儿有机会展示自己的学习成果，增强了他们的自信心和成就感。

　　特别是教师的激励评价，让整个项目活动更加持续和深入。教师善于用多种激励策略来激发幼儿参与活动并持续探索。在幼儿的操作实践中，教师及时给予正面而具体的评价反馈，就如在探讨还有什么能让太阳能板发电时，孩子们的想法天马行空，而教师并没有制止，也没有给出正确答案，而是追随幼儿，提供了孩子们提到的各类实验材料，激发了他们继续探索的热情。

　　有了客观评价，教师则能在活动中提供充分的支持。如材料方面，教师为幼儿提供了太阳能板、电线、小灯泡等材料，并随着活动的深入不断投放新的材料，如各种光源和记录单，以满足幼儿探究的需求；情感支持方面，教师始终保持着耐心和热情，鼓励幼儿大胆提问、猜想和验证，并在幼儿遇到困难时给予适时的指导和帮助。此外，教师还通过组织集体讨论、分享经验等方式，促进了幼儿之间的合作与交流，孩子们在计划、操作、表征、记录等过程中，实现了兴趣的满足、问题的解决、经验的整合与能力的提升。

使幼儿成为热情主动的学习者需要教师成为幼儿深度学习探究中的观察者、支持者、激励者和记录者，在日常生活中敏锐地抓住幼儿感兴趣的点，发散幼儿的思维，给予幼儿充分的探究空间，引导幼儿从问题出发，鼓励幼儿自主的学习亲身的操作，获得新的知识和经验，养成良好的探究精神与学习品质。

四、项目活动点评

这个项目活动来自孩子们在区域游戏中产生的真问题，先是孩子们关注到了太阳能发电的现象，进而引发了他们探究太阳能材料的兴趣。在整个项目探究过程中，教师通过多种途径及方法支持着孩子们的探索。

在项目开展的第一阶段，教师和孩子们共同探究"灯泡为什么不亮？""电是怎么来的？""太阳可以发电吗？"等一系列问题，并在操作、探索太阳能板、电线等科技玩具的过程中，获得了太阳能发电及电路连接的经验，了解了太阳能发电的途径。在项目开展的第二阶段，教师在幼儿现有经验基础上，将太阳能材料投放进美工区，并观察幼儿与材料的互动，让幼儿有机会创造、制作出多样的太阳能作品。幼儿在探究过程中解决了太阳能发电的线路连接、影响太阳能发电光线强弱的因素等问题，教师也支持幼儿通过实验去验证自己的猜想，让幼儿充分获得相关经验。在项目开展的第三阶段，幼儿围绕太阳能板的储电问题，利用太阳能蓄电池，将已有的太阳能发电经验应用到生活游戏中，包括给小猪的家安装太阳能灯等。该项目活动紧随孩子的问题逐步深入，以递进的方式进行整合建构。每次探究活动不仅满足了孩子们的探究兴趣，同时为孩子更深入的探究做好了经验铺垫，不断激发孩子们的主动学习。

关于教师对项目开展的有效支持与助推，**第一**，教师善于观察、挖掘孩子的学习经验，及时捕捉孩子的兴趣，激发孩子们的内驱力，并跟随孩子们的兴趣一步一步深入探究，很好地启动和推进了幼儿的深度学习；**第二**，教师通过提供操作材料支持幼儿的自由探索，并让幼儿有机会充分讨论，与幼儿一起提出一个个相互联系的问题，驱动孩子的深度学习。我们可以发现，孩子们的潜力非常大，他们不仅有深度学习的能力，还具有探索和制作我们难以想象的产品的能力。当我们看到孩子们制作的太阳能产品和太阳能城市时，心中无比感慨和激动。

整个项目活动注重探究过程，充分体现了过程取向的课程理念。在这个过程中，教师也注重孩子的问题解决能力、同伴合作能力和分享沟通交流能力的培养，注重孩子们不怕困难、勇于探索等学习品质的养成。

这个项目活动案例很好地呈现了孩子深度学习的过程，以及教师有效的支持策略，也让孩子们充分地感受到了成就感和自豪感，促进了孩子的多方面发展，也体现了导向深度学习的高质量师幼互动。

（案例提供：深圳市龙岗区机关幼儿园　李佳丽）

案例五：项目活动"运送棉被"（大班）

一、项目活动背景

　　曾有一段时间，家长不能进入教室，但是由于被子需要清洗，且加了棉芯的被子又十分厚重，如何让孩子们将棉被运送给家长成了重要的问题。于是，教师和幼儿开启了"运送棉被"的项目探究活动。

二、支持性环境

　　1. 区域材料：主要投放开放性材料，如放大镜、秤、尺、记录单、自然材料等，鼓励幼儿自主探索。

　　2. 项目活动角：主要投放各类测量工具，如尺子、吸管、石头、木棒等，以及记录纸、笔、吊环、铁扣、数字板、材质不一的绳子、剪刀等。

　　3. 墙面表征：墙面上展示项目活动过程与结果的照片或表征图画，帮助幼儿回顾与复盘整个探究过程。

记录表

称重器

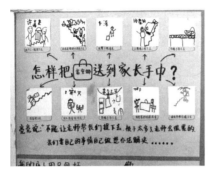
问题探究网络

床上用品汇总单

三、项目开展过程

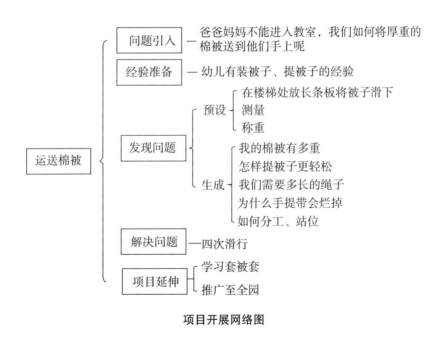

项目开展网络图

（一）项目开始阶段：被子称重与运送

本案例利用第二章的观察记录表格（表2-1）并稍加改进以进行观察记录。

表6-7 我的被子有多重

观察日期：2020. 11. 30—12. 2		观察编号：01
儿童姓名：西西、嘉麦、圆圆、文溪、琳琳		儿童年龄：5—6岁
观察者：班级教师		环境：班级教室

观察内容	活动过程	图片表征
幼儿对被子重量的讨论	西西说：我的被子太重了，有棉被、枕头、垫子，还有毛毯…… 嘉麦说：我的被子很薄，不是很重。 圆圆说：我感觉我的被子像8瓶牛奶那么重，我都拿不动了。 文溪说：我觉得我的被子就像我们班上的10个蓝宝石那么重，提起来很轻松，因为我妈妈还没有给我装厚被子。 琳琳：我的被子实在是太重了，像4块大积木那么重。 那么孩子们的被子到底有多重呢？	
给被子称重	发现问题1：为什么班上的两个秤都称不出被子的重量？ 解决问题1：昊昊说，把被子卷起来试试吧！	

续表

给被子称重	电子秤解读：电子秤上的显示分别是1981g、2109g。 发现问题2：这些数字代表的是多重呢？	
	解决问题2：拿一些物品来比一比。原来三瓶矿泉水加一块大积木与一袋被子差不多重。	

活动评价

这个案例展现了幼儿深度学习的过程。在这个过程中，以下几方面值得我们关注。

• 生活中的问题解决：通过这个活动，孩子们实际参与解决生活中遇到的问题，这不仅增强了他们解决问题的能力，也让他们体会到数学、物理等学科知识在日常生活中的应用。

• 观察与类比能力的培养：活动中，孩子们将被子的重量与日常生活中熟悉的物品（如牛奶瓶、蓝宝石、积木等）进行比较，实际上是在运用观察和类比的思维技巧，这对于幼儿的认知发展尤为重要。

• 科学探究与实验精神：在实验过程中，孩子们遇到了电子秤无法直接称出被子重量的问题，他们通过讨论和尝试，最终决定将被子卷起来进行称重，体现了科学探究和实验的精神。

• 数学概念的实际应用：通过称重和比较，孩子们实际上是在学习和应用数学中的量度概念，这种通过实际操作来理解数学概念的方式有助于孩子们更加深刻和直观地理解抽象的数学知识。

• 合作与交流：活动中，孩子们需要与他人分享自己的想法，听取别人的意见，这个过程促进了他们的语言表达能力和社交能力的发展。

• 自主学习与教师支持：教师在这个过程中扮演了引导者和支持者的角色，他们提供了必要的工具和支持，但是探究的过程完全由孩子们自主完成，这种学习方式极大地激发了孩子们的主动性和自主性。

续表

思考与建议

- 进一步扩展相关探索：在探究被子重量的基础上，可以引导幼儿进一步探索相关物理概念，如浮力、摩擦力等，将学习内容与更多学科知识相结合。
- 引入多元化评估、记录方式：除了口头表达和实际操作外，还可以鼓励孩子们通过绘画、制作图表等方式来表达和记录他们的发现与学习过程，以进一步丰富他们的学习体验。
- 加强家长的参与：可以通过家庭作业、家长会等形式，让家长了解孩子在园中的学习情况，鼓励家长参与到孩子的学习过程中，形成家园共育的良好氛围。

表6-8 探讨如何将棉被运送到家长手中

观察日期：2020. 12. 3		观察编号：02
儿童姓名：嘉麦、宥权、九妹、亮亮		儿童年龄：5—6岁
观察者：班级教师		环境：班级教室
观察内容	活动过程	图片表征
幼儿关于如何运送棉被的交流与讨论	嘉麦：两个人一起抬下去。 宥权：用头顶着抬回去。 九妹：用绳子吊下去。 亮亮：不能让老师帮我们提下去，被子太多了，老师会很累的。我们要自己的事情自己做，自己想办法解决。 有的幼儿说抱着被子走，有的幼儿说用袋子拖着走，有的幼儿说从楼梯上往下丢，有的幼儿说请爸爸妈妈进来拿，有的幼儿说用传送带运下去…… 孩子们的想法多种多样，没有标准答案，正好给我们之后的课程开展提供了思路与尝试的方向。	

活动评价

　　这个阶段的活动展现了幼儿如何通过集体讨论和合作来解决实际问题，即将棉被安全送到家长手中。这个过程体现了幼儿深度学习的多个关键要素。

　　● 问题导向的学习：活动以一个实际问题作为出发点，即如何将重棉被从楼上安全送至楼下，交给家长。这种问题导向的学习能够激发幼儿的兴趣和动机，使他们积极参与到学习和解决问题的过程中。

　　● 创造性思维：幼儿们提出了多种运送被子的方法，从两个人抬、用头顶着、用绳子吊，到更为创新的想法，如使用传送带。这些多样化的解决方案体现了幼儿的创造性思维和想象力。

　　● 社会互动与沟通能力：在讨论过程中，幼儿不仅需要表达自己的想法，还需要倾听他人的观点，这一过程增强了他们的沟通能力和社会交往技能。

　　● 自主与责任感：幼儿们强调"我们要自己的事情自己做，自己想办法解决"，这反映了他们的自主性和对问题解决过程的责任感。这是培养幼儿独立性和自我效能感的重要环节。

　　● 决策与共识形成：通过集体讨论，幼儿逐渐形成了关于如何解决问题的共识。这个过程不仅锻炼了幼儿的决策能力，还体现了合作学习的精神。

思考与建议

　　在未来的活动中，可以进一步引导幼儿将提出的解决方案付诸实践，例如制作简易模型或进行角色扮演等，以便他们能够更加深入地理解问题并掌握解决问题的技能。此外，教师可以适时引入相关科学原理或数学概念，如重力、平衡等，以拓展幼儿的知识面，并加深他们对问题的理解。

（二）项目发展阶段：探究并优化运送过程

表6-9　第一次运送被子

观察日期：2020.12.4—12.11		观察编号：03
儿童姓名：范范、嘉麦、琳琳		儿童年龄：5—6岁
观察者：班级教师		环境：班级教室、楼梯、操场
观察内容	活动过程	图片表征
讨论：如何提被子更轻松？	子川：可以顶在头上或是挂在手腕上，我平时都是这样做的。 范范：老师你看，扛着感觉被子就不重了。 高兴：我觉得抱着更舒服。 妮妮：可以像妈妈背包一样单肩背。 小雅：也可以像这样手提着。 圆圆：跨在手肘上也很轻松。 皓皓：像背书包一样背着也感觉好轻松。 小方：我还是觉得手提着会更轻松一点。	
实践：如何提被子更轻松？	孩子们示范自己认为最轻松的方法，每个人都认为自己说的提被子方法最轻松。 　发现问题1：然而通过实验，孩子们发现，无论是哪种方法，把被子从三楼提到幼儿园大门口都很累。	

续表

讨论：用索道运送被子	解决问题1：既然提被子不轻松，我们可以用"索道"让被子滑下来。 范范：要不，我们用索道的方法把被子滑下去吧！ 琳琳：我去旅游的时候见过索道，可以把我们从很高的地方送下来。 嘉麦：我也见过索道，我们坐在缆车上，缆车就是从索道最高的地方去到最矮的地方。 范范：我们班上有绳子，试一试能不能把被子运下去吧。	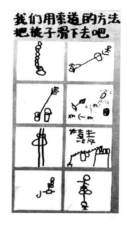
实践：用索道运送被子（第一次运送）	发现问题2：幼儿将两根绳子接好之后，尝试第一次运送棉被（扫码观视频1）。在被子滑行的过程中，绳结卡住了被子的滑动，所以，两根接在一起的绳子无法将被子顺利运送下来。	视频1 用手机扫一扫，了解更多信息

活动评价

　　在这个阶段，幼儿通过实际尝试和探索，试图找到更轻松的提被子方法。这个过程不仅激发了幼儿的创造性思维，还让他们通过亲身体验学习和理解了一些物理原理，如重量、平衡和力的作用。

　　●动手实践与体验学习：孩子们通过亲自尝试不同的方法来提被子，这种动手实践是深度学习的关键环节。通过体验，幼儿可以更直观地理解一些理论知识及物理原理，如重力和力的分布。

　　●探索性学习：幼儿提出并尝试了多种提被子的方法，这种探索性学习过程鼓励幼儿思考和尝试，培养了他们的好奇心和探索精神。

　　●团队合作与交流：在讨论和尝试过程中，幼儿需要与同伴沟通自己的想法，并倾听他人的建议，这种互动加强了幼儿的社交技能和团队合作能力。

　　●问题解决与批判性思维：尽管尝试了多种方法，但幼儿发现，无论哪种方法都很费力，这个发现促使他们进行批判性思考，重新评估和考虑其他可能的解决方案。

　　●坚持不懈与适应性思维：面对失败和挑战，幼儿们没有放弃，而是选择继续寻找新的解决办法。这种坚持不懈的精神和适应性思维对幼儿的个人成长至关重要。

思考与建议
该阶段的活动充分体现了深度学习的精髓——通过实践探索、团队合作、问题解决等过程进行学习。尽管最初的尝试没有成功解决问题，但幼儿的努力和创新思维是值得肯定的。   在未来的类似活动中，教师可以进一步引导幼儿深入探索物理原理，如利用简单的科学实验来说明为什么某些方法会感觉更轻松或更费力。此外，教师还可以鼓励幼儿反思每种方法的优缺点，并思考如何改进这些方法。这不仅能增强幼儿对科学概念的理解，还能促进他们的批判性思维和创新能力的发展。

表 6-10　第二次运送被子

观察日期：2020. 12. 14—12. 18		观察编号：04
儿童姓名：范范、嘉麦、琳琳、九妹		儿童年龄：5—6 岁
观察者：班级教师		环境：班级走廊、其他班级
观察内容	活动过程	图片表征
讨论：我们需要一根多长的绳子呢？	解决问题2：琪琪与范范把绳子拉直，当他们两个合作把绳子拉直放在地上后，绳子会自然地卷起来。这个时候，麦麦想到了一个办法，他将自己的水壶固定在绳子的两端，这样，绳子就不会卷起来了。当我们在犹豫怎么进行测量时，九妹说想利用美工区的吸管进行测量（孩子已有利用自然物测量的经验）。	
实践：尝试确认绳子的长度	九妹将吸管一根接一根对应地放在绳子旁边进行测量，最后数出绳子的长度等于 47 根吸管首尾相接的长度。	

续表

进一步确认合适的绳子长度	在得出结果后，琪琪和九妹一起去寻找更长的绳子。	
第二次运送棉被	绳子借到了。通过对比，我们确定了两根绳子的长度是一样。然后，部分孩子在阳台操作，部分孩子在一楼拉绳，进行了第二次运送棉被的尝试，被子顺利从楼上滑到一楼。 发现问题3：手提带断了。	视频2 用手机扫一扫，了解更多信息

活动评价

　　在这一阶段的活动中，幼儿们面对的是如何准确测量绳子长度以使用单根长绳子进行棉被的运输。这个过程充分展示了幼儿通过合作、创新和实践来解决问题的能力，这是深度学习的一个典型例证。

　　•实际问题的解决：幼儿们面对的是一个实际的、与生活紧密相关的问题——如何有效测量绳子的长度以便于运输棉被？这种以实际问题为中心的活动能够提高学习的实用性和相关性，使幼儿更加投入。

　　•创意思维和创新：幼儿们采用了吸管作为测量单位，这种创造思维和创新方法不仅解决了测量问题，还让幼儿体验到了创新带来的乐趣和成就感。

　　•合作学习：活动中幼儿需要合作完成任务，如拉直绳子、固定绳子、测量绳子等。这种合作不仅提高了任务的效率，还增强了幼儿之间的交流和团队协作能力。

● 数学概念的应用：使用吸管作为单位测量绳子的长度，幼儿实际上应用了数学中的基本概念，如测量、比较和计数。这种应用使得抽象的数学概念变得具体化，易于理解。

● 问题解决和批判性思维：在发现两根绳子相接无法满足需求后，幼儿通过观察、分析和讨论，最终决定使用一根更长的绳子。这一过程锻炼了幼儿的问题解决能力和批判性思维。

思考与改进建议

此活动是深度学习的优秀范例，幼儿通过实际操作与合作解决了一个具体问题，同时学习和应用了数学概念，并培养了创新思维和团队合作精神。

未来类似的活动可以进一步结合科学原理，例如探讨绳子的材质对滑行效果的影响，或引入简单的物理学原理，如摩擦力和重力，以增强幼儿的科学素养。此外，可以鼓励幼儿反思活动过程，思考如何改进方法，从而进一步提升他们的批判性思维和创新能力。

第6-11 第三次运送被子

观察日期：2020. 12. 21—12. 25		观察编号：05
儿童姓名：范范、九妹、生烨、子川		儿童年龄：5—6 岁
观察者：班级教师		环境：班级阳台、仓库、操场

观察内容	活动过程	图片表征
讨论：为什么手提带会烂掉？	面对烂掉的手提带，孩子们激烈地讨论了起来。 范范：是因为带子太粗糙了。 九妹：是因为冲力太大了。 哲哲：可能是带子质量太差了。 昊昊：是带子用太久了，布料已经老了。 高兴：因为带子不够光滑，摩擦烂了。	

续表

	妮妮：我觉得是带子太细了。 琪琪：对，我们要换一种粗一点、光滑一点的带子。 生烨：我们给带子加个铁环吧！这样就不会直接摩擦到了。 子川：我们可以用积木区设计图的那种铁环扣着手提带。	
寻找合适的材料	我们一起到幼儿园的各个班级、仓库寻找材料，最后在幼儿园仓库找到了铁环和又粗又光滑的棉绳。	
进一步探究	孩子们尝试使用刚找到的铁环和棉绳，他们打开铁环扣在手提带上，再穿上棉绳。	
第三次运送棉被	部分孩子用绳子将被子绑起，教师在阳台将绳索和被子往下放，部分小朋友在一楼操场拉直绳子，我们进行了第三次运送棉被的尝试。 发现问题4：被子滑到一半，铁扣突然打开，被子从半空中掉了下来。所以，扣铁环运被子的方法还是不行。	 视频3 用手机扫一扫，了解更多信息

活动评价

这个阶段的活动深入探讨了如何解决棉被运输过程中遇到的新问题——手提带易破损。孩子们通过讨论、实验，不仅解决了实际问题，还在这一过程中学习和成长。以下是对这一阶段活动的评价。

续表

• 科学探究与问题解决：孩子们面对手提带破损的问题，积极地提出各种可能的原因，并基于这些假设提出解决方案。这个过程体现了科学探究的精神，即观察现象、提出假设、测试和验证。

• 创新思维：使用铁环和更加光滑的棉绳来减少摩擦和提高承重能力的想法展示了孩子们的创新思维。这种对常规方法的重新思考和创新改进对幼儿的创造力发展至关重要。

• 团队合作与资源整合：孩子们一起寻找解决方案，到幼儿园的各个班级和仓库搜寻所需的材料，展现了良好的团队合作精神和资源整合能力。

• 动手操作与实践学习：通过制作滑行装置，并进行了第三次运送尝试，孩子们的动手能力得到了锻炼，同时也通过实践感受了物理学的基本现象，如摩擦。

• 反思与持续改进：尽管第三次尝试最终未能成功，但这一过程激发了孩子们的反思和持续改进，这是深度学习的一个重要方面。

思考与改进建议

此阶段的活动是一个综合性的学习过程，不仅包含了科学探究和问题解决，还融入了创新思维、团队合作和动手操作等多个方面，是幼儿全面发展的一个典型例子。

在今后的类似活动中，可以进一步增加对失败的分析和反思，引导孩子们理解失败也是学习过程的一部分，并鼓励他们从失败中学习和成长。此外，可以引入更多相关科学原理和数学知识，如力的平衡、重心等，以增强孩子们的科学素养和数学认识。

表6-12　第四次运送被子

观察日期：2020.12.28—12.31		观察编号：06
儿童姓名：悦悦、九妹、文溪		儿童年龄：5—6岁
观察者：班级教师		环境：班级教室、操场

观察内容	活动过程	图片表征
发现：更好的运送工具	解决问题4：第二天，我们在操场进行晨练，玩了平衡步道和溜溜布。在收拾这两个器械时，悦悦提出："老师，我们可以把被子放在红布上，像滑滑梯一样滑下去吗?"	
教师引导	教师：如果把被子放在溜溜布上，应该怎么滑下去呢？ 悦悦尝试画出了被子坐滑滑梯的设计图。 文溪：我们可以分工合作，有些小朋友在楼上拉着布，有些小朋友在楼下拉布。	
讨论如何分工	教师记录下幼儿讨论的内容。 锐锐：阳台那里比较高，我负责在上面拉布。 子川：我的个子高，我也可以。 范范：我也可以。 小雅：我也可以。 小禾：那我负责把被子提到阳台上去。 昊昊：我也帮忙一起提被子。 九妹：老师，我和文溪还有小宝、生烨在楼下拉布，小宝和生烨矮一点，他们俩可以站中间，我和文溪站两边。 教师：为什么呢？	

续表

讨论如何分工	九妹：因为滑梯也是 U 字形的，小朋友滑滑梯才不会掉出去，我们也要把布拉成 U 字形，这样被子才不会掉下去。 小禾：老师，我在楼下负责接被子吧！ 权权：我也帮忙接被子。 教师：滑下来的被子怎么办？谁负责把它整理好呢？ 琳琳、小婕、源源和小雅积极举手，承担了这个任务。	
第四次运送棉被	孩子们按照自己的分工做好准备，准备第四次运送棉被的尝试。当被子从溜溜布上运送下来的那一刻，孩子们欢呼雀跃，兴奋不已。部分孩子还将运送下来的被子整齐地摆放在旁边的位置上。成功了！	视频4 用手机扫一扫，了解更多信息

活动评价

　　在这个阶段中，孩子们通过集体思考和合作解决了棉被运输的问题，这一过程不仅涉及了物理学的实际应用，还培养了孩子们的社会交往能力、团队合作精神以及问题解决能力。以下是对这一阶段的评价。

　　●创新思维：孩子们从日常生活中的游戏器材、平衡步道和溜溜布中汲取灵感，找到了解决实际问题的方法。这显示了孩子们能够跨越不同情境，将已有经验应用于新问题的解决中，体现了创新思维。

　　●合作学习与分工：在决定使用溜溜布作为滑行工具后，孩子们进行了明确的分工合作，一些孩子负责在楼上拉布，一些孩子在楼下接被子。这种分工合作不仅提高了完成任务的效率，也加强了孩子之间的合作意识和团队精神。

　　●动手能力与实践操作：孩子们将溜溜布铺设成滑梯，确保了被子可以顺利滑行。这一过程加强了孩子们的动手能力和对物理原理如摩擦力、重力的直观理解。

续表

● 问题解决策略：面对棉被运输的问题，孩子们没有因前几次的失败而感到挫败，而是继续寻找新的解决方案。这种持续探索和尝试的态度是解决问题过程中非常宝贵的品质。

● 体验学习与反馈：当第四次尝试成功时，孩子们体验到了强烈的成就感和喜悦，这种正向反馈有助于增强孩子们的自信心和继续探索的动力。

思考与改进建议

此阶段的活动充分体现了深度学习的特点，孩子们通过实践操作、合作学习和创新思维解决了实际问题，这不仅增强了他们的综合能力，也增进了他们对学习的兴趣和热情。

在未来的活动设计中，可以进一步引入对结果的分析和反思，让孩子们思考哪些因素有助于成功，哪些因素可能会导致失败。此外，可以鼓励孩子们将这一成功经验分享给其他班级或在家庭中应用，以扩大学习成果的影响力。

（三）项目的结束阶段

经过数周的探索之后，第四次滑行的成功使得项目活动达到高潮，孩子最初的问题"如何更轻松地把被子运下来"得到解决。在回顾与讨论整个活动的过程中，幼儿积极分享自己在活动中的感受："太厉害了！""真开心！""终于成功了！""安全到达！"通过幼儿的语言和肢体表达，我们能够体会孩子们在不断地"尝试—失败—再尝试"后取得成功时的成就感和愉悦。另一方面，教师在活动过程中向家长持续分享幼儿的活动动态，并将项目全过程梳理成课程故事转述给家长，重点介绍了幼儿采用索道滑行被子的四次经历，家长们对孩子们坚持不懈感到惊喜与骄傲。此外，教师与幼儿还将滑行被子的方法推广到同楼层其他班级，其他班级采用了这一妙招，减轻了幼儿从三楼提被子往下走的压力。这一活动不仅对于解决幼儿生活中的实际问题起到重要作用，对于其他教师开展项目活动也起到了借鉴意义。

四、项目活动的整体评价与反思

1. 整体评价

本项目活动来源于生活，是为了解决生活中的实际问题而生发的。教师在活动一开始以抛出问题作为项目活动的起点，遵循着幼儿的兴趣给予支持。幼儿在遇到困难时，积极思考解决问题的方法，尝试了不同的方法以将棉被从三楼运送至一楼。在第四次滑行成功后，幼儿体验到了强烈的成就感与喜悦。在整个活动过程中，幼儿始终处于积极的情绪状态，从遇到问题、尝试解决、克服困难到解决问题，每一个环节都进行了较深度的学习，表现出了良好的学习品质，主要体现在以下几点。

（1）幼儿的学习充满快乐和热情。当第一次发现被子不能顺利地从高处往下滑行时，他们找到的原因是绳子不够长。于是他们积极思考解决问题的方法：将两根绳子绑在一起。当发现班级没有足够多的绳子时，又想到了到其他班级寻找绳索。整个过程中，孩子所产生的行为都是在兴趣和解决问题的内在动机驱动下进行的。

（2）在活动过程中，孩子们围绕着问题积极主动地思考和探究，尝试用不同的方法解决问题，如用绳索滑行、扣上铁环滑行、用溜溜布滑行等，在每一次尝试失败后都没有气馁，而是不断尝试用新的方法解决问题，直到问题得到了真正的解决。

（3）在解决轻松把被子从三楼运送到一楼的问题的过程中，促进了幼儿多方面的发展。在认知方面：感知、对比了重量，重复使用同一种开放性材料对物体进行测量，对不同绳子的材质有了认识等；在情感方面：孩子在遇到问题时，大胆走出去，去到其他班级借绳索，到仓管处借铁环，在测量绳子长短时同伴合作将绳子拉直，沟通、交流、表达自我、分工协作方面都有了不同程度的发展；在能力方面：在每一次产生问题时，孩子都积极地记录下活动的痕迹，提高了孩子的读写能力，在讨论分工时，孩子们根据身高进行了任务分配，培养了孩子的语言表达能力和组织能力；在学习品质方面：整个活动过程中，孩子克服困难解决了问题，培养了良好的学习品质。

通过本次活动，幼儿解决了运送被子的问题，每到周五学校发放被子我们都采用孩子们的方法，不但提高运送被子的速度，还避免了孩子从三楼提被子到一楼存在的安全隐患。这个案例反映出的是一种以问题为导向的学习方式，强调了实践中的探索和合作，以及通过实际行动解决问题的过程。这种学习方式不仅能激发孩子的兴趣，还能有效地促进孩子们综合能力的发展。同时，这也是对幼儿园"游戏为本，生活即教育"理念的一次生动实践，展示了幼儿在生活中遇到问题时的思考过程以及解决问题的方式。

2. 关于幼儿的深度学习

这个案例不仅是一次简单的物理实践活动，而且深刻体现了幼儿深度学习的过程。在这个活动中，教师通过将实际生活中的问题转化为学习机会，使幼儿在解决实际问题的过程中实现了深度学习。以下是对幼儿深度学习过程的进一步评价与思考。

（1）问题解决能力：活动以一个实际问题开始——如何将厚重的棉被从楼上轻松并安全地运送到楼下并交给家长。这一问题促使幼儿使用了他们的观察力、思考力和创造力，让幼儿通过实践探索出解决问题的方案，从而有效提升了幼儿的问题解决能力。

（2）合作与社会交往能力：在解决问题的过程中，幼儿需要与同伴沟通、协商、分工合作，这些活动不仅增强了他们的社交技能，还培养了他们的团队协作精神。这种合作学习的模式对幼儿未来的社会生活和终生学习具有重要意义。

（3）探索与创新：幼儿在活动中不断尝试各种方法，如使用不同的物品进行重量比较、探索用多种方式运送棉被，直至发明了简易的滑行装置。这种探索和尝试的过程培养了幼儿的创新思维和不畏失败的精神。

（4）自我效能感：随着每一次尝试和改进，尽管面临失败，幼儿仍然保持积极的态度，继续寻找解决方案，直到最终成功。这个过程极大地增强了幼儿的自我效能感，即对自己能力的信心。

（5）跨学科学习：活动中融合了数学（测量、比较重量）、物理（力的作用、滑行）、语言（沟通、记录）等多个领域的知识，展现了跨学科整合学习的特点。这种跨学科的学习方式有助于幼儿构建更加全面、深入的知识体系。

（6）情感与价值观教育：在整个活动中，幼儿体会到了团队合作的重要性，学习了解决问题的策略，体验到了努力后的成就感，这些都对幼儿的情感发展和价值观形成产生了积极的影响。

3. 反思与建议

（1）多样化的解决方案：在未来类似的活动中，教师可以鼓励幼儿探索更加多元化的解决方案，如利用科技工具或更多种类的物理原理，以激发幼儿更广泛的创造力和想象力。

（2）反馈与评价：加强对幼儿每次尝试的正向反馈，让幼儿了解到学习和解决问题过程中的每一个步骤都是宝贵的，即使失败也是学习的一部分。

（3）家长的参与：未来，在条件允许的情况下，可以让家长参与到孩子的学习过程中来，增强家园联系，共同支持幼儿的学习和成长。

总的来说，这个案例是一个成功的深度学习的实例，通过解决实际生活中的问题，幼儿在多个领域实现了发展，这种学习模式值得在幼儿教育中推广和应用。

（案例提供：深圳市龙岗区龙城中心幼儿园　余瑞娜　张　晨　俞思慧）

案例六：项目活动"我们的萝卜地"（大班）

一、活动背景

（一）游戏缘起

在幼儿园的幼耕园里，每个班都有一块专属的田地用于给孩子们种菜。每天中午饭后散步时，孩子们总是喜欢到幼耕园逛一逛。有一天散步时，孩子们发现，收获了前期种植的番薯叶后，菜地变得空荡荡的。于是孩子们问："番薯叶拔了，这块地可以用来干什么呢？"有的说："我们种一些新的菜吧！"有的说："我家有萝卜种子，可以拿过来种萝卜。"通过种植心愿单投票。孩子们选出了前三名最想种的植物，分别是番茄、丝瓜和萝卜。他们还通过查阅资料、询问长辈，初步了解了三种蔬菜的播种时间、特点以及种植方法。最后孩子们再次投票，决定种萝卜。就这样，幼耕园的故事开始了。

（二）游戏准备

在确定了种萝卜后，教师与幼儿共同讨论种萝卜所需要的材料（见表6-13），发动家长与幼儿一同收集，并投放到幼耕园，师幼共同进行环境创设。

表6-13 需准备的材料工具

类别	现有	新增
材料	土	萝卜种子、童子尿
工具	浇水壶、小锄头	小铁铲、放大镜、量尺、肥料桶
人力资源	小朋友、教师	保洁阿姨、家长
地点	幼耕园梯田	本班菜牌

（三）幼儿的兴趣和前期经验

生活经验：幼儿在幼儿园午餐中吃过用萝卜做出的菜肴，在蔬果主题活动中已经认识了萝卜的名称、结构和用途，但没有经历过萝卜从播种到收获的整个生长过程，不知道萝卜是如何生长的。

种植经验：每个班级都有一个植物角，孩子们在餐后、自主活动时会给植物们浇水并做记录。在日常照顾班级的植物角的过程中，孩子们学会了浇水、挖土等种植技能，但没有翻土、种植萝卜的经验。

（四）教师预期学习目标

一开始，关于种什么、怎么种，教师和孩子们共同进行了讨论，然后让孩子们进行了初步的尝试，收获了第一步的劳动体验；在植物的生长阶段，孩子们会进一步体会农耕劳动的内容，如日常照顾时需要浇水、根据需要施肥、对特殊问题的处理等；最后结束阶段是收获，经过几个月的种植体验，不论收成如何，孩子们一定会体验到收获的快乐，还可以品尝自己的劳动果实。

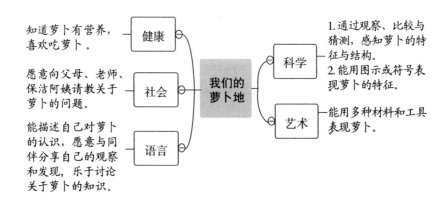

"我们的萝卜地"项目活动预设网络

二、活动过程的观察与评价

种植活动能够培养孩子的耐心、爱心、责任心、观察力，能促进孩子的思考。活动以萝卜的种植、成长、收获为主线，孩子们在其中体验到了种植的快乐，并收获了种植知识。

（一）可以种什么

对于这块空土地，孩子们各有各的想法。

铭铭：我最喜欢吃番茄了，我想种番茄。

芊芊：我想种茄子。

大宝：种点生菜吧，我奶奶在家也种过生菜。

……

萱萱：空地这么小，只能种一种东西吧。要不我们投票吧。

孩子们赞同萱萱的想法，决定征求全班小朋友的意见，先收集大家的种植心愿再进行统计。根据以往主题活动制作调查表的经验，孩子们在老师的引导下尝试自己设计调查表。

1. 设计种植愿望单（见表6-14）

雯雯：先拿出一张白纸，写上"班级""姓名""学号"

萱萱：每个人在纸上画出自己想种的三种东西。

豪豪：可以请老师帮我们写字，把番茄写在画的下面。

……

表 6-14 种植愿望单

班级: 　　　　　　姓名: 　　　　　　学号: _____

我想种…… （请用绘画或粘贴图片的形式表现出来）		

2. 绘画种植心愿

这一周，一到离园时间，孩子们就在小队长萱萱的带领下，开始绘画他们的种植心愿。

幼儿在填写种植愿望单

3. 统计种植心愿

小队长把收集来的心愿单整理了一下，又招呼来两个小帮手，用之前选举升旗手的方式进行统计。

幼儿在统计种植心愿的投票结果

4. 确定种什么

经过统计，种植心愿前三名分别是番茄、丝瓜和萝卜。当孩子们犹豫最后种什么时，我们向孩子们提出了一个问题："现在是秋天，或许我们可以找资料看看秋季更适合哪种植物的生长。"于是，孩子们和老师开始在周末去图书馆或上网查找资料。

周一的晨谈活动，孩子们就"秋季适合种什么"展开了讨论。

霏霏：昨天我和妈妈在图书馆看到一本书，书里说萝卜不喜欢高温，它喜欢冷凉的气候，现在的天气刚好。

果果：我爷爷之前在家也种了番茄，爷爷说番茄多在3—5月播种，番茄喜欢高温，发芽适温得25℃—30℃。

可可：我爸爸昨天和我一起在网上查了一下，种丝瓜需要搭棚，而且它也比较喜欢高温的天气。

……

孩子们通过查阅资料、询问长辈等方式，初步了解了三种蔬菜的播种时间、品种特点以及种植方法，最后孩子们再次通过投票，一致决定种萝卜。

深度学习的观察与评价：在确定种什么的时候，教师把主动权交给孩子。他们根据以往的经验，通过讨论、投票、查阅资料了解植物的生长特点，最终确定了种植对象。投票表决的方式让幼儿学习了少数服从多数的规则。当孩子们带着意义感去探究的时候，他们更容易进入深度学习的状态。在主动学习的过程中，我们不仅发现孩子们原有的专注、坚持、不怕困难的学习品质得到了提升，高阶思维也在不断发展中。

（二）萝卜种子从哪里来

离园前，小队长萱萱问："买萝卜种子的任务交给谁呢?"果果不假思索，马上冲到萱萱旁边，说："交给我吧，我爷爷在家也有种菜，我让他带我去买。"大家觉得这个主意棒极了，果果光荣地接受了这个任务。

周二一放学，果果就和爷爷去市场买种子了。卖种子的叔叔告诉果果，要选新鲜、健康、饱满的种子，发霉的种子要挑出来，种子的质量直接影响萝卜的产量。此外，播种前需要用清水先浸泡 12 小时。第二天，果果就带着萝卜种子回来了，孩子们迫不及待围在一起，观察小种子。

深度学习的观察与评价：生活化课程不仅在于唤起孩子们原有的生活经验，更重要的是激励孩子自发去探索、去发现，在游戏中提高孩子们的认知，同时帮助孩子进行知识的整合和架构。在买种子、挑种子、泡种子的过程中，孩子们对小小的种子有了更进一步的了解，在探索中学习的深度和广度也进一步得到了拓展。

（三）萝卜成长记

1. 认识穴播

第一次种萝卜，老师和孩子们一起做了详细的种植攻略，孩子们把文字转换为图画，制作了种植步骤图。种植萝卜需要用到穴播的方式，第一步就是挖洞。孩子们找来小铲子，先把土层表面弄平，接着用铲子挖洞。

桐桐：在我们的图上，洞和洞之间要有距离的，15—20 厘米，我们得找个东西来比比，要不距离不是太近就是太远了。

懿懿：我和你一起，我们去找根树枝，再用尺子量一量就可以拿来用了。

小种子的"家"挖好了，孩子们准备播种了。小宝一下子就把十几颗小种子全撒了下去。"不是这样的，每个洞里要放 4—5 颗种子，还不能叠在一起。"洋洋认真地说。这下子，孩子们又开始讨论了起来。最后，他们决定请教管理幼耕园的阿姨帮助。在阿姨的指导下，孩子们均匀地撒下了萝卜种子，然后盖土、轻压、浇水。最后，孩子们不约而同双手合十，默默祈祷着："萝卜萝卜，要快快长大哦。"

2. 学习间苗

之后每天散步时间，孩子们都一定要来看看萝卜。一周后，孩子们欣喜地发现："萝卜长出叶子了！"原来是小苗长出来了。几个女孩子赶忙回教室，拿来自己的植物记录本，把长苗的样子记录了下来。两周后，孩子们发现，一个洞里长出了好几棵小苗，有些小苗被挤得歪歪扭扭的。孩子们又开始讨论了起来。

萱萱：我觉得它们好挤啊！你看这一棵都被挤得低头了。

茹茹：这样子都照不到阳光了，会长不好吧？

孩子们再一次带着问题询问了管理幼耕园的阿姨。阿姨解答了孩子们的疑惑，并提醒孩子们要拔掉一些小苗，大概一个洞里只留下三株小苗就好。在阿姨的指导下，孩子们小心翼翼地拔掉了一些小苗，又给地里留下的小苗盖了一点土。孩子们在间苗中也学会了取舍，知道要放弃一些东西才能得到一些东西。

又过了一周，小苗又长大了一些。这下孩子们有经验了，他们已经能够自己判断并大胆地进行间苗工作了。"老师，我们今天拔掉了两棵小苗，这样子剩下的小苗就可以快一点长大了。"孩子们对于自己独立间苗的行为有点小骄傲，雯雯和芊芊又赶紧用记录本记录了下来。

3. 施肥

对于在城市长大的孩子来说，他们认识的就是市面上的有机化肥，传统"肥料"童子尿对他们来说是很新鲜的事物。当我们和孩子们商量收集孩子们的尿当肥料时，孩子们觉得有点好笑又有点特别。所以当厕所里投放了一个肥料收集桶时，孩子们很感兴趣，都争着要贡献一点肥料，所以这段时间上厕所的频率特别高。

令我们惊讶的是，当孩子们看着老师给萝卜施肥时，他们并没有捏住鼻子，也没有哈哈大笑，而是很认真地观察着，默默嘀咕着："有了肥料，萝卜应该很快长出来吧！"

4. 主动劳作

自从撒下萝卜种子的那天开始，孩子们就像在孕育一个新的生命一样，每天都要来看看萝卜长得怎么样。有时候他们还要带上班里的放大镜和量尺，量一量萝卜长高、长粗了多少。每次一来到萝卜地，他们就马上动起来，有的拿起洒水壶浇水，有的拿起铲子给长高的小苗培土，有的一看到地里长出了杂草，就卷起袖子把小草拔了出来。旁边还有小伙伴细心地提醒："你轻点，可别把萝卜苗也给拔出来了。"就这样，孩子们精心地呵护着萝卜地里的小苗，期待它们苗壮成长的那一天。

5. 消灭害虫

有一天散步时，细心的雯雯发现："萝卜叶子上怎么有洞洞了？"茹茹说："这里的小叶子上也有洞洞。"萱萱说："也许昨天被哪个小朋友掐了一下。"桐桐说："也许是蜜蜂吃了。"孩子们带着问题去找种植经验丰富的阿姨。阿姨告诉小朋友们："小苗上有洞洞是因为被小青虫吃了。"对于怎样才能除虫，我们请爸爸妈妈和幼儿一起查找相关资料，并制作除虫工具，带到幼儿园来，全体一起动手除虫。

深度学习的观察与评价：在种植活动中，幼儿能够通过回忆、观察、比较来发现线索，从而根据自己的猜测提出各种猜想。善良、纯真的孩子们发现萝卜叶子被虫子咬了之后非常心疼，他们积极寻找各种办法，以尽快拯救小嫩苗。在这个过程中，幼儿除获得蔬菜会长虫的认知经验外，还获得了查阅资料、语言表达、动手制作工具、除虫等能力经验。有了情感的浸入，孩子们解决问题的愿望更加强烈，深度学习也就有了动力。

6. 萝卜长大了

大约过了 8 个周，萝卜终于可以收获了。孩子们兴奋极了，都想尝尝收获的滋味。芊芊成为第一个拔萝卜的人，她拉了拉袖子，挑选了自己喜欢的萝卜，双手紧紧握着叶子，用力往上拉。芊芊涨红了脸，但萝卜还是没有动静。一旁的棋棋默默走到工具栏旁边，拿了一把铲子递给了芊芊："芊芊，你用铲子松一松旁边的土，试试看。"芊芊接受了棋棋的建议，用铲子松了松土，一拔，果然萝卜就出来了。"哇！好大的萝卜啊！"芊芊高高举起萝卜欢呼了起来，小伙伴们也开心地跳了起来。

我们把劳动的收获带到室内的区域活动中，幼儿对萝卜又有了进一步的认识。有的幼儿排一排、数一数萝卜的数量，有的幼儿发现萝卜有大有小。

幼儿在体验收获的快乐

深度学习的观察与评价：幼儿的科学就是生活的科学。种植活动拓宽了幼儿的视野，培养了他们的耐心、爱心、责任心、观察力，并促进了他们的思考。活动中，孩子们也体验到了种植的快乐。整个活动中，孩子们能够大胆地发表自己的意见。在表达观点时，他们大胆自信；在倾听同伴想法时，他们学会了互相尊重和协商，获得了团体合作、自信与成就等情感经验。我们还看到了孩子提出问题时的专注，探讨问题时的合作，以及解决问题时的投入，这些都是孩子们在活动中潜移默化的进步。

（四）萝卜真美味

1. 晒萝卜干

孩子们把采摘回来的 5 个萝卜进行了分配，2 个送给园长妈妈，2 个送给另一位园长，和她们分享我们丰收的喜悦。剩下的一个萝卜可以拿来做什么呢？孩子们七嘴八舌地议论了起来。

天天：留在生活区，明天进区可以切萝卜。

丫丫：我看奶奶会放进一个盘子里，再倒点醋，过一段时间就可以吃了。

芊芊：我们把萝卜切成片，晒干就可以吃了。

孩子们对晒萝卜干比较感兴趣，生活区的小伙伴们开始行动了起来。他们洗干净了砧板、小刀和萝卜，然后开始切萝卜。美工区的小伙伴们也拿来了白线，把萝卜片串了起来。最后，孩子们兴奋地把萝卜干挂在了教室门口的毛巾架上，又开始期待把萝卜晒成萝卜干的时刻了。

2. 熬制萝卜鲫鱼汤

自从孩子们开始种植萝卜，他们也经常和家里人分享萝卜的成长故事，孩子们从长辈那里知道了很多关于萝卜的新知识。小羽说："奶奶和我说'冬吃萝卜夏吃姜'，周末奶奶还教我做了萝卜鲫鱼汤。今天的食育小课堂我来和你们说一下做法吧。"小羽认真地和大家分享了萝卜鲫鱼汤的做法，孩子们都听得津津有味。

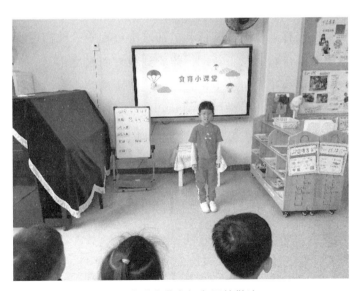

幼儿在分享萝卜鲫鱼汤的做法

深度学习的观察与评价：在分享的过程中，孩子们关注到了同伴的想法，从同伴身上学到了丰富的经验和知识，孩子们在宽松愉悦的氛围中相互学习、共同成长。最后，我们还将食育课程渗透到游戏活动中来，在培养孩子良好饮食习惯的同时，也促使孩子学会尊重劳动成果，对大自然保持敬畏和感恩之心。

三、项目评价

从种植萝卜开始，孩子们亲身劳作，亲眼见证了萝卜的成长过程，见证了生命的神奇力量和萝卜生长的奥秘。孩子们的好奇心得到了满足，各方面能力也在潜移默化中得到了提高。总结成功的经验，可以概括为如下几方面。

1. 基于幼儿兴趣和亲身体验开展探究活动

种萝卜活动是基于孩子们的兴趣开展的，是孩子亲手播种、亲自照顾、亲身体验的一个过程。从选种子到收获成熟的萝卜，孩子们对萝卜的生长变化有了最直接的认知。在这个过程中，他们逐步了解我们吃的食物源于自然、源于劳动，体验到粮食的来之不易。教师通过适时介入，引导幼儿在活动中发现问题、解决问题，并引导幼儿将活动过程中发现、解决的问题用绘画、符号、拍照等方式记录下来；通过交流、体验，让幼儿积极表达情感，共同解决难题。在教师的支持下，种植活动向高水平发展，幼儿的合作精神、创造能力和社会性人格及情感都在向更高水平发展，凸显了幼儿在游戏过程中的主体地位，促进了幼儿的深度学习。

2. 深度学习助力幼儿获得关键经验

幼儿在种萝卜的过程中，可以发展如下关键经验（见表6-15）。

表6-15　项目活动的关键经验

维度	内容	关键经验
认知	植物认知	知道萝卜有营养，喜欢吃萝卜，认识萝卜的形态特征及生长环境
能力	观察能力	运用各种感官，观察、测量、比较、探索萝卜的大小、长度及生长环境
	劳动能力	翻土、播种、浇水、施肥、除虫、拔草、采摘、制作、烹饪等
	问题解决能力	调查、运用资源解决问题
	语言能力	能用完整的语言讲述对萝卜的观察和发现
	合作能力	能与同伴合作，共同解决活动中遇到的问题
	动手能力	学习切萝卜、晾晒萝卜干、熬制萝卜鲫鱼汤
情感态度	劳动情感	喜欢劳动，在种萝卜中养成良好的劳动习惯和劳动品质
	成就感与责任心	获得成就感和自信心，富有责任感
	大自然情感	亲近土地，热爱自然

　　发展这些关键经验，需要孩子们的深度探究和深度学习，因为种萝卜的最终目的不仅仅是让孩子们体会种植成功时的喜悦，也需要让幼儿获得关于种植、探究、责任等多方面的经验。当萝卜叶子被虫子咬了时，孩子们着急地想要找办法帮助它；当萝卜缺水时，他们及时给它浇水……，这些都是孩子们在积极寻求解决问题的办法。当孩子们给萝卜浇水时，他们的责任感在发展，手臂肌肉也得到了锻炼。孩子们在参与翻土、选种、播种、浇水、施肥的劳动过程中，也进行观察、测量、比较等科学探究活动，这些活动提高了幼儿的动手能力、探究能力、观察能力、合作能力、语言表达能力等，并让幼儿体验到了劳动的快乐，让幼儿懂得珍惜粮食，获得成就感、自信心和责任心。

3. 多元记录，鼓励幼儿个性化表达

《3—6岁儿童学习与发展指南》指出：鼓励幼儿用绘画、照相、做标本等办法记录观察和探究的过程和结果，通过记录帮助幼儿丰富观察经验，建立事物之间的联系和分享发现。孩子用自己的方式记录活动的过程、观察发现和想法等，活动中运用的记录方式有照片记录、图画记录、语言记录、符号记录、表格记录等。我们为孩子们提供了自由记录和自主表达的机会，鼓励他们以多元的方式灵活记录，有效地促进了幼儿个性化表达和经验的提升。

（案例提供：佛山市机关幼儿园 曾海燕 苏艺爽）

出 版 人　郑豪杰

策划编辑　赵建明

责任编辑　孙冬梅

版式设计　郝晓红

责任校对　贾静芳

责任印制　李孟晓

图书在版编目（CIP）数据

幼儿深度学习的观察与评价／叶平枝，王欣欣主编.
北京：教育科学出版社，2025.1. --（幼儿深度学习：
面向未来的学前教育丛书）. -- ISBN 978-7-5191-4162
-2

Ⅰ. G612

中国国家版本馆 CIP 数据核字第 2024D7D077 号

幼儿深度学习——面向未来的学前教育丛书
幼儿深度学习的观察与评价
YOU'ER SHENDU XUEXI DE GUANCHA YU PINGJIA

出 版 发 行	教育科学出版社				
社　　　址	北京·朝阳区安慧北里安园甲 9 号		邮　　编	100101	
总编室电话	010-64981290		编辑部电话	010-64989395	
出版部电话	010-64989487		市场部电话	010-64989572	
传　　　真	010-64989419		网　　址	http://www.esph.com.cn	
经　　　销	各地新华书店				
制　　　作	北京金奥都图文制作中心				
印　　　刷	保定市中画美凯印刷有限公司				
开　　　本	720 毫米×1020 毫米　1/16		版　　次	2025 年 1 月第 1 版	
印　　　张	17.25		印　　次	2025 年 1 月第 1 次印刷	
字　　　数	233 千		定　　价	62.00 元	